AF305541

CATALOGUE

DES

LIVRES ANCIENS

RARES ET CURIEUX

Dont un volume ayant appartenu à GROLIER

ET OUVRAGES SUR LA PROVENCE

Composant la Bibliothèque de M. G***

DONT LA VENTE AURA LIEU

Les jeudi 3, vendredi 4 et samedi 5 février 1876

à 7 heures et demie précises du soir

Rue des Bons-Enfants, 28, maison Sylvestre

SALLE Nº 1

Par le ministère de Mᵉ MAURICE DELESTRE, commissaire-priseur,

successeur de Mᵉ DELBERGUE-CORMONT, rue Drouot, 23

PARIS

ADOLPHE LABITTE

LIBRAIRE DE LA BIBLIOTHÈQUE NATIONALE

4, rue de Lille, 4

—

1875

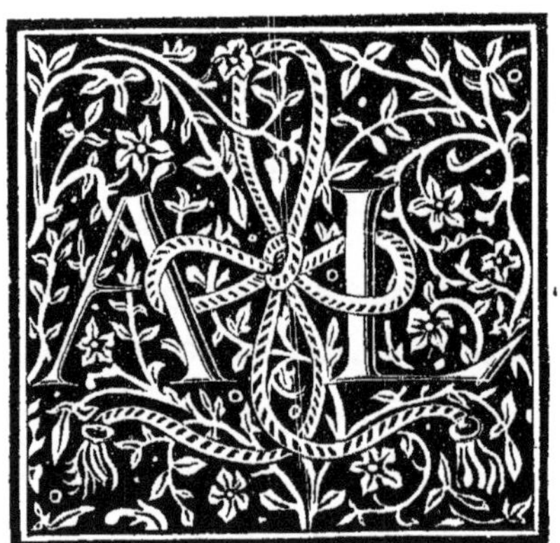

Paris. — Typographie Georges Chamerot, rue des Saints-Pères, 19.

CATALOGUE

DES

LIVRES ANCIENS

RARES ET CURIEUX

DONT UN VOLUME AYANT APPARTENU A GROLIER

ET

OUVRAGES SUR LA PROVENCE

COMPOSANT

LA BIBLIOTHÈQUE DE M. G***.

THÉOLOGIE.

1. Biblia sacra Vulgatæ editionis, Sixti V. Pont. M. jussu recognita, et Clementis VIII auctoritate edita. *Boloniæ, apud Jacobum Naulæum,* 1678-1679, 6 vol. in-24, mar. r. filets et initiales sur les plats, tr. dor. (*Anc. rel.*)

Bel exemplaire.

2. LA SAINTE BIBLE, traduite sur les textes originaux, avec les différences de la Vulgate. *A Cologne, aux dépens de la compagnie,* 1739, in-12 réglé, texte à deux col. front. gr. d'après Bernard Picart, mar. noir, ornement fleurdelisé à compart. doublé de satin rouge avec dentel. int. tr. dor. (*Rel. anc.*).

Aux armes du duc d'Orléans. Bel exemplaire.

G.   1

3. Biblia, dat is : de gantsche H. Schrifture. *In Sgra-ven-Hage* (1637), gr. in-fol., 4 cartes, titre gravé, reliure en bois recouverte en veau, mors et fermoirs en cuivre, titre remonté.

Belle édition de la version hollandaise de la Bible, qui fut faite par les six savants nommés à cet effet par le synode de Dordrecht de 1618 à 1619.

4. Le Cantique des Cantiques, représentant le mystère des mystères, dialogue amoureux de Jésus-Christ avec la Volonté son espouse, qui s'unit à luy en la réception du S. Sacrement, par J. Des Marests. *A Paris, chez Henry Le Gras,* 1656, pet. in-12 mar. r. filets à compart. tr. dor. (*Rel. anc.*)

Bel exemplaire.

5. Divinum Davidis Psalterium, latine, et accurate ad hebraïcam fidem, per Rodolphum Magistrum. *Parisiis, typographia Rob. Stephani, apud Guilelmum Loyson,* 1623, in-12 vélin.

6. Les CL Pseaumes de David, mis en vers françois par Philippes Desportes, abbé de Thiron. *A Rouen, de l'imprimerie de Raphaël du Petit-Val, libraire,* 1610, petit in-12, mar. rouge, filets, tr. dorée.

Grand de marges, témoins.

7. Les CL Pseaumes de David, mis en vers françois par Philippes des Portes, abbé de Thiron. Prières et Méditations chrestiennes, par Philippes des Portes, abbé de Thiron. *A Rouen, de l'imprimerie de Raphaël du Petit-Val,* 1611, pet. in-12, veau ant. frontispice gravé.

Hauteur : 143 mill.

8. Les Pseaumes de David, mis en rime françoise par C. M. et T. D. B. *Se vendent à Charenton, par Anthoine Cellier,* 1668, in-12, veau, plats couverts d'ornem. à petits fers point., tr. dor. (*Rel. anc. fatiguée.*)

9. Histoire de la Vie de David, par M. l'abbé de Choisy; troisième édition, enrichie de figures. *A Paris, chez la veuve Martin-Durand, rue Saint-Jacques, au Roi David, s. d.,* in-4, mar. r. filets dor. papier réglé.

Bel exemplaire.

10. Figures de la Bible déclarées par stances, par G. C. T., augmentées de grand nombre de figures aux Actes des Apôtres. *A Lyon, par Barthélemi Honorati,* 1582.—Figures du Nouveau Testament déclarées par stances, par G. C. T. *A Lyon, pour Barthélemi Honorati,* 1582. (A la fin :) *Imprimé à Lyon par Basile Bouquet,* 1582, 3 tomes en un vol. in-8, figures sur bois, mar. rouge, filets à comp., tr. dor., bel exemplaire grand de marges. (*Rel. moderne.*)

Exemplaire lavé.

11. Histoire du Vieux et du Nouveau Testament, représentée avec des figures et des explications édifiantes tirées des SS. PP. pour régler les mœurs dans toutes sortes de conditions, par le sieur de Royaumont. *A Paris, chez Pierre Le Petit,* 1670, in-4, v. ant.

Exemplaire incomplet de 4 feuillets.

12. L'Histoire du Vieux et du Nouveau Testament, avec des explications édifiantes, tirées des saints Pères, pour régler les mœurs dans toutes sortes de conditions, par le sieur de Royaumont, prieur de Sombreval, édition nouvelle, enrichie de figures en taille-douce. *A Bruxelles, chez Eugène-Henry Fricx,* 1691, in-12, rel. veau ant.

13. Icones historicæ Veteris et Novi Testamenti. — Figures historiques du Vieux et du Nouveau Testament, accompagnées de quadrains en latin et en françois, qui exposent l'histoire représentée en chaque figure. *Genevæ, apud Samuelem de Tournes,* 1681, in-8, veau ant.

14. Novum Testamentum. *Glasguæ, in ædibus R. Urie,* 1750, in-8, grand papier, veau ant. marbr.

15. Le Nouveau Testament de Notre-Seigneur Jésus-Christ, traduit du latin en françois par les théologiens de Louvain. *A Lyon, chez Jean et Claude Carteron,* 1682, petit in-12, veau marron à nerf, doubles filets, tr. dor.

Très-grand nombre de gravures dans le texte.

16. Le Nouveau Testament, avec les Actes des Apôtres, traduits en français par Sacy, ornés de planches gravées sur les dessins de Moreau le jeune. *Paris, de l'imprimerie de Prudhomme fils,* 1808, 2 vol. in-8, br. non rog.

17. Expositiones seu Postille epistolarum et evangeliorum totius anni, Dominicalium et feriarum necnon de sanctis et eorum communi. *Anno domini* 1508, in-8, reliure en bois, frontispice, petites gravures sur bois au commencement de chaque chapitre.

18. Figures du Nouveau Testament. *A Lyon, par Jan de Tournes,* 1559, pet. in-8, rel. veau ant.

Les gravures sont de Salomon Bernard.

19. Vie de Jésus, par Ernest Renan, cinquième édition. *Paris, Michel Lévy frères,* 1863, in-8, br. non rog.

20. La Passion de N.-Seigneur Jésus-Christ et les actions du prêtre à la sainte messe, avec des prières correspondantes aux tableaux, gravée par Sébastien Le Clerc. *A Paris, chez François Cherreau, premier graveur du Roy,* 1729, pet. in-8, veau ant., 35 gravures.

---

21. Petit Catéchisme, ou Sommaire des trois premières parties de la doctrine chrestienne, trad. du françois en la langue des Caraïbes insulaires, par le R. P. Raymond Breton. *A Auxerre, par*

Gilles Bouquet, 1664. — Dictionnaire caraïbe-françois, par le même, 1665. — Dictionnaire françois-caraïbe, par le même, 1666. — Grammaire caraïbe, par le même, 1667, in-8, veau ant.

Ouvrage très-rare, grand de marges, très-bien conservé.

22. Tableaux sacrez des figures mystiques du très-auguste Sacrement et sacrifice de l'Eucharistie, par le R. P. Louis Richeome. *A Paris, chez Claude Sonnius,* 1625, in-8, veau ant., filets, avec les gravures de Mallery et de H. Gaultier.

Bel exemplaire de ce livre curieux.

23. La Sainte Messe, où sont représentés par les actions du prêtre les mystères de la passion de Notre-Seigneur Jésus-Christ, avec les oraisons appliquées à chacun mystère. *A Paris, chez Pierre Landry, s. d.,* in-12, veau brun.

Texte et 35 planches gravées.

24. Tableau de la Croix, représenté dans les cérémonies de la sainte Messe, ensemble le Trésor de la Dévotion aux Souffrances de N.-S. J.-C., le tout enrichi de belles figures. *Paris, F. Mazot,* 1651, in-8, mar. brun, filets, tr. dor.

25. Le Tableau de la Croix représenté dans les cérémonies de la sainte messe, ensemble le trésor de la dévotion aux souffrances de N.-S. J.-C., le tout enrichi de belles figures. *A Paris, chez F. Mazot,* 1651, in-8, mar. brun, large dentelle, ornements sur les plats, tr. dor. (*Rel. anc. fatiguée.*)

91 planches et texte gravé. Exemplaire lavé et encollé.

26. Incipit Rationale divinorum officiorum, editum per reverendissimum in Christo patrem et dominum dominum Guillelmum Duranti. (A la fin :) *Finit Rationale divinorum officiorum impressum Lugduni per Martinum Husz de Botvuar,* anno 1481, grand in-4, vélin, grand de marges, lettres initiales ornées en rouge.

27. Missale Romanum, ex decreto sacro sancti Concilii Tridentini restitutum, Pii V, Pont. Max., jussu editum. *Lutetiæ Parisiorum, apud Petrum de Bats,* 1709, in-fol. mar. r. à fil., tr. dor., grav. dans le texte. (*Rel. anc.*)

28. Nouveau Formulaire de prières, avec un formulaire de confession composé par le R. P. Pierre Coton, confesseur ordinaire du Roy. *A Paris, chez Robert Fouet,* 1614. (Dans le même volume :) Exercice de dévotion pour le matin quand on se lève, et pour le soir, quand on se couche. — Méditations sur la passion de Notre-Seigneur Jésus-Christ, composées par le commandement de la Royne, mère du Roy, par P. Coton, confesseur du Roy. *A Paris, chez Eustache Foucault,* 1612, in-12, mar. r. fil. tr. dor. Gravures.

Reliure ancienne, fatiguée.

29. Les Heures du Chrestien, divisées en trois journées, par le Sr Magnon, historiographe de Sa Majesté. *A Paris, chez Sébastien Martin, imprimeur-libraire,* 1654, in-8, papier réglé, figures gravées, mar. r. fil. tr. dor. (*Rel. anc. très-fatiguée.*)

30. Tablature spirituelle des offices et officiers de la couronne de Jésus, couchez sur l'état roïal de sa crèche et payez sur l'épargne de l'étable de Bethléem..., par un Père de l'ordre S. François, nouvelle édition. *A Paris, chez J. de Laizen de Busche,* 1685, in-16 oblong, veau ant.

31. L'Office de l'Église en latin et en françois, avec une instruction pour les fidèles, dédié au Roy. *A Paris, de la boutique de Pierre Le Petit,* 1707, in-8, rel. mar. citron, fil. larges dent. à compartiments doublé de tabis bleu, tr. dor. 4 gravures.

Reliure ancienne très-fraîche.

32. Le Nouveau Paroissien latin-françois, dédié à Madame la duchesse de Bourbon, à l'usage du diocèse de Reims. *A Charleville, chez André-*

Pierre Morin, 1777, in-8, mar. vert, filet, tr.
dorée. (*Reliure ancienne.*)

33. Livre d'Heures, ou Offices de l'Église, illustrés
d'après les manuscrits de la Bibliothèque du Roi,
par M^llo A. Guilbert, et publiés sous la direction
de M. l'abbé des Billiers. *A Paris, chez Guilbert,
imprimé par Eugène Duverger,* 1843, in-8, chagrin brun, fil. tr. dor. papier vél.

34. Livre d'Heures, in-8, mar. n, tr. dor. (*Rel.
anc.*)

Manuscrit *sur vélin*, écrit en rouge et en noir ; lettres initiales en or et en
couleur ; la première miniature représente Job sur le fumier. *Au bas du
premier feuillet, il y a les armes de François de Brugière, secrétaire du
roi.*

35. Las Horas du Nuestra Señora segñ el uso Ro-
mano : en las quales son añadidas muchas oracio-
nes muy deuotas. y de nueuo el rosario de nuestra
Señora ; y son ad longũ sine require. *En Lyon,
por Mathias Bonhomme,* 1551. (A la fin :) *Fueron
impressas las presentes horas en la ciudad de
Leon de Francia en casa de Mathias Bonhomme,*
in-8, figures et encadrements sur bois, veau brun.

Très-légère piqûre sur la marge extérieure.

36. Hore in laudem beatissime virginis Marie ad
usum Romanum una cum quatuor passionibus
confessione generali et aliis orationibus devotis.
Parisiis, apud Guillelmum Merlin, 1567. — Ex-
hortation à bien vivre, sensuyt la manière de bien
et dévotement vivre. 17 feuillets. — Les Quinze
Effusions du sang de nostre Sauveur et Rédemp-
teur Jésuchrist, en la fin desquelles sont adjoustez
les 12 vendredys blancs. — Dévote Méditation sur
la mort et passion de Nostre-Seigneur Jésus-Christ.
A Paris, pour Guillaume Merlin, 1568, pet. in-12,
veau, fil. tr. dor. grand nombre de gravures sur
bois dans le texte. Réglé.

Bel exemplaire.

37. Heures de Nostre-Dame, 1570, in-12, veau r.
fil. tr. dor.

Manuscrit sur vélin, texte encadré, initiales peintes en or et en couleur,
garnies de fleurs et de petits insectes. — Almanach pour trente ans. Ce volume est d'une belle conservation.

38. Hore intemerate Dei Genitricis virginis Marie
secundum usum ecclesie Romane, totaliter ad
longum, sine require, una cum pluribus aliis suf-
fragiis et orationibus. *Parisiis, nouiter impressus
per Egidium Hardouyn,* in-12 obl.

Livre d'heures imprimé sur peau de vélin. avec encadrement et fig. col.
Incomplet d'un feuillet.

39. Ars oratoria, virgini Mariæ sodalium Patronæ,
manuscrit avec six miniatures gr. in-8, veau ant.

Sur le plat de la reliure il y a le nom de Brouttet.

40. L'Office de la Semaine sainte, à l'usage de Rome
et de Paris, par M. l'abbé de Bellegarde. *A Paris,
de l'imprimerie de Jacques Collombat, premier
imprimeur du Roy,* 1732, in-8, mar. r. fil. tr. dor.
dos fleurdelisé, *aux armes de France.*

Bel exemplaire.

41. Officium Beati Verani Cavallicencis Episcopi et
Patroni, pet. in-8, mar. n. fil. tr. dor.

Manuscrit caractère rouge et noir; frontispice gravé, remonté.

42. De Imitatione Christi libri quatuor, recensuit
J. Valart, nova editio. *Parisiis, typis J. Barbou,*
1764, in-12, veau ant. fil. tr. dor. Gravures.

43. Confessio theologica, tribus partibus absoluta.
Parisiis, apud M. Vascosanum, 1539. (*Dans le
même volume :*) Beati Isidori Hispalensis quondam
archiepiscopi de officiis ecclesiasticis libri duo,
ante annos 900 ab eo editi, et nunc ex vetusto codi-
ce in lucem restituti. *Parisiis, apud Richardum du
Hamel,* 1539, in-32 vél.

44. Les Cantiques du sieur de Valagre et les Cantiques du sieur de Maizon-Fleur, dernière édition,

avec les Larmes de Jésus-Christ, les Pleurs de la
Vierge, les Larmes de saint Pierre, de la Magda-
leine, et autres œuvres chrestiennes. *A Rouen, imprimerie de Raphael du Petit-Val, libraire du Roy.*
1602, pet. in-12, rel. veau ant. fil.

Quelques feuillets très-rognés.

45. Discovrs de l'estat des fidèles après la mort, par
Moyse Amyraut. *A Saumur, par Jean Lesnier, imprimeur et libraire, au Livre d'Or,* 1646, in-4, mar.
r. fil. (*Rel. anc.*)

Exemplaire bien conservé d'un ouvrage rare.

46. Thesaurus absconditvs, in agro dominico inven-
tvs; duas complectens partes, eruebat eum R. P.
Ant. Batt, ultima editio, cui addita sunt opuscula
Thomæ à Kempis. *Parisiis,* 1647, pet. in-12 mar.
r. fil. compart. tr. dor. papier réglé. (*Rel. anc.*)

47. Stratagematum Satanæ libri octo, Jacobo Acon-
tio authore. Editio novissima. *Amstelædami, apud
Joannem Ravesteinium,* 1664, in-12, mar. r. fil.
tr. dor.

Bel exemplaire.

48. Exercitia spiritualia S. P. Ignatii Loyolæ, fon-
datoris ordinis societatis Jesu. *Antuerpiæ, apud
Michaelem Knobbaert, sub signo S. Petri,* 1676,
in-8, vél. Grand nombre de figures dans le texte.

49. Le Miroir de la Vie humaine, du R. P. F. Louys
de Grenade, traduit en françois par Jean Cha-
banel Tolosain, quatrième édition. *A Lyon, par
Jean Pillehotte,* 1602, petit in-12, rel. veau fauve
à nerf, double filet, tr. dorée.

50. Le Guide fidèle de la vraie Gloire, présenté à
Monseigneur le duc de Bourgogne (par le R. P.
André-Thomas Barenger). *A Paris, chez Guérard,
rue du Petit-Pont, à l'image Notre-Dame* (1688),
in-12, texte et 47 planches gravées, v. ant.

51. La Retraite spirituelle de **M.** le marquis de Simiane La Coste. *A Aix, chez Guillaume Le Grand,* 1688, pet. in-12 bas.

52. Amoris divini Emblemata, stvdio Othonis Væni concinnata. *Antuerpiæ, ex officina Plantiniana Balthasaris Moroti,* 1660, in-4, grand papier, rel. veau fauve ant. fil. tr. dor.

Soixante planches. Bel exemplaire.

53. Emblèmes de l'amour divin. *A Paris, chez P. Landry, rue Saint-Jacques, à Saint-François de Sales,* in-12, mar. vert, fil. (*Rel. anc.*)

Épreuves. Très-joli petit volume.

54. Pia Desideria, authore Hermanno Hugone. *Juxta exemplar Antuerpiense. Lutetiæ-Parisiorum, apud Jo. Henault, bibliopolam,* 1670, pet. in-18, jolies fig. v. ant.

55. Sermones quadragesimales fratris Guillelmi Pepin. *Parisiis, væneunt in ædibus Joannis Petit,* 1536, in-8, parch.

56. Pensées de **M.** Pascal sur la Religion et sur quelques autres sujets, qui ont été trouvées après sa mort parmy ses papiers. *Amsterdam, Volfganck, suivant la copie imprimée à Paris,* 1672, pet. in-12 de 48 pp. prél., 256 pp. de texte, et 19 pp. non chiffrées pour la table. (*Dans le même volume :*) Discours sur les pensées de Pascal, où l'on essaye de faire voir quel étoit son dessein, avec un autre discours sur les preuves des livres de Moyse. *Amsterdam, Abraham Volfganck, suivant la copie imprimée à Paris,* 1673, pet. in-12, rel. vél.

Hauteur : 134 mill.

---

57. Histoire de l'estat de la Religion et Répvblique sous l'empereur Charles V, par Jean Sleidan, nouuellement traduite. *S. l., chez Jean Crespin,* 1557, in-8, v. ant. tr. dor. ciselée.

58. Histoire catholique de nostre temps, touchant
l'estat de la Religion chrestienne, par S. Fontaine,
docteur en théologie, avec une response à quelques
apologies que les hérétiques, ces jours passez, ont
mises en avant, autheur A. de Monchi. *A Paris,
chez Claude Fremy*, 1558, in-8, v. ant.

59. Regula Beatissimi Patris Benedicti e latino in
gallicum sermonem, per Reverendum Guidonem
Juvenalem, traducta. *Venales extant Parisiis in
vico sancti Jacobi et Bituris in magno vico apud
Pellicanum, s. d.*, pet. in-12, caract. goth., veau
fauve, fil. tr. dor.

60. La Règle du Bienheureux Père S. Benoist, pa-
triarche des religieux de l'Occident, Avec les
Constitutions. *A Paris, chez Louis Billaine*, 1676,
in-12 réglé, mar. rouge, fil. tr. dor.

Aux armes de Harlay, archevêque de Paris.

61. Constitvtiones ordinis F. F. Eremitarum Sancti
Augustini recognitæ, et in ampliorem formam, ac
ordinem redactæ. *Romæ, typis hæredum Corbil-
letti*, 1686, in-8, mar. bleu foncé, dent. à comp.
doublé de tabis vert, tr. dor. (*Rel. anc.*)

Les 8 premiers feuillets sont mouillés.

62. Constitutions de la Communauté des filles de
Sainte-Geneviève. *A Paris, chez Eloy Hélie*, 1683,
in-18, 4 fig. gravées, mar. noir, fil. tr. dor. (*Rel.
ancienne.*)

Rare.

63. L'Alcoran des Cordeliers, tant en latin qu'en
françois; nouvelle édition, ornée de figures dessinées par B. Picart. *Amsterdam*, 1734, 2 vol. in-8,
veau ant.

64. Légende dorée, ou Sommaire de l'histoire des
frères mendians de l'ordre de S. Dominique et de
S. François. *A Amsterdam, aux dépens de la Compagnie*, 1734, in-12, rel. veau.

Bel exemplaire.

65. Les Enluminures du fameux almanach des PP. jésuites, intitulé la Déroute et la Confusion des jansénistes, ou Triomphe de Molina, jésuite, sur S. Augustin, avec l'onguent pour la brulure ou le secret d'empescher aux jésuites de brûler des livres. *A Liége, chez Jacques le Noir*, 1683, in-12, veau, front. gravé.

66. Histoire des Inquisitions, où l'on rapporte l'origine et le progrès de ces tribunaux, leurs variations, la forme de leur jurisdiction, et l'extrait du Manuel des inquisiteurs, nouvelle édition. *A Colagne, chez Pierre Marteau*, 1769, 2 vol. in-8, gravures, veau ant.

67. Nouvelle Histoire de l'abbaïe royale et collégiale de Saint-Filibert et de la ville de Tournus, enrichie de figures; par un chanoine de la même abbaïe. *A Dijon, chez Antoine de Fay*, 1733, in-4, veau ant.

68. Histoire de l'Église de Lyon, depuis son établissement par saint Pothin dans le second siècle de l'Église jusqu'à nos jours, par M. Poullin de Lumina. *A Lyon, chez Joseph-Louis Berthoud*, 1770, in-4, veau ant. marbr.

69. Histoire des Diables de Loudun, ou de la Possession des religieuses ursulines et de la condamnation et du supplice d'Urbain Grandier, curé de la même ville. *A Amsterdam, aux dépens de la compagnie, s. d.*, pet. in-8, bas. front. gravé.

70. Histoire chronologique de l'Église, évesques et archevesques d'Avignon, par François Nouguier, Pr. *En Avignon, chez George Bramereau*, 1660, in-4, mar. rouge, fil. à comp. tr. dor.

Exemplaire lavé et encollé.

71. De SS. Martyrum cruciatibus Antonii Gallonii liber cum figuris Romæ in ære incisis per Antonium Tempestam. *Parisiis*, 1659, in-4, bas.

72. Les Vies des SS. Pères des déserts d'Occident et d'Orient, avec des figures qui représentent l'austérité de leur vie, et leurs principales occupations. *A Paris, chez Pierre-Jean Mariette,* 1736-39, 5 vol. in-12, veau ant.

73. Histoire de saint Louis, évesque de Toulouse et de son culte. *A Avignon, chez François-Sébastien Offray, s. d.,* in-12, veau brun.

74. Vita S. Olivæ virginis et martyris Panormitanæ. *S. l. n. d.,* in-8, veau fauve.

Un grand nombre de gravures très-curieuses.

75. La Vie de la séraphique Mère Ste Térèse de Jésus, fondatrice des Carmes déchaussez et des Carmélites déchaussées, en figures et en vers françois et latin, avec un abbregé de l'histoire, une reflexion morale et une resolution chrestienne sur chaque figure, reveuë, augmentée et corrigée. *A Grenoble, chez Laurens Gilibert,* 1678, petit in-8, veau, filets, frontispice gravé.

Raccommodage dans les marges extérieures.

76. La Vie de la bienheureuse mère Élisabeth de Saint-Dominique, compagne de Sainte Thérèze de Jésus, sa coadjutrice en la nouvelle réforme de Notre-Dame de Mont-Carmel, et fondatrice du couvent de Saint-Joseph de Sarragoce, par Dom Michel-Baptiste de la Nuge. Grand in-4, mar. r. fil. tr. dor.; sur le plat de la reliure une fleur avec un double croissant. (*Rel. anc.*)

Manuscrit.

77. Vita del Reverendissimo Padre F. Antonino Cloche, composta dal molto reverendo Conrado Pio Mesfin. *Benevento, nella stamparia Arcivescouile,* 1721, in-4, veau ant.

78. Dell' Esistenza, professione e culto di S. Nicasio martire. Discorso storico-critico del sacerdote Dr D. Vincenzo Venuti. *In Palermo, nella stam-*

peria per Pietro Bentivenga, 1762, pet. in-4, veau ant. dent. gravures.

79. Recueil historique des merveilles que Dieu a opérées à Notre-Dame du Laus, près Gap en Dauphiné, par l'intercession de la sainte Vierge, et des principaux traits de la vie de Benoîte Rencurel, surnommée la bergère du Laus. *A Grenoble, chez André Faure,* 1736, in-12, veau fauve brun, fil.

Première édition. A la fin du volume, se trouve un cantique, avec la musique notée.

---

80. Les Lieux communs de Jean Kins contre Luther. *A Paris, pour Vincent Sertenas, libraire,* 1562, pet. in-12, parch.

Rare.

81. Les Actes dv synode universel de la Saincte Reformation, tenu à Mompelier le quinzième de may 1598. Satyre Menippée (par G. Reboul). *A Mompelier, chez le Libertin, imprimeur juré de la Saincte Reformation,* 1599, pet. in-8, veau brun.

Il y a dans cet ouvrage beaucoup de passages en patois.

82. Sermons sur l'histoire de la résurrection de Nostre-Seigneur Jésus-Christ, par Théodore de Bèze. *A Genève, par Jean le Preux, Parisien,* 1609, in-8, vél. Une légère piqûre dans la marge.

Bel exemplaire de ce livre rare.

83. Petit Renardeau de Genève, descouvert, prins et battu en une docte response du R. P. Claude Suffren, faicte dans le chasteau de Monbrun, en présence des messieurs de Monbrun, Corsan et autres, publié par François du Bourg, dict de Roquefort. *Imprimé en Avignon,* 1614, in-8, vél.

Rare.

84. Les Ministres détruits par eux-mesmes dans leurs articles de foy, par le R. P. Honnoré Michel. *A Avignon, chez Antoine Desperier,* 1681, pet. in-8, mar. r. fil. (*Rel. anc.*)

85. Nouvelle Instruction pour réunir les Églises prétendues réformées à l'Église romaine, par les seules preuves tirées de la Sainte Écriture et du catéchisme et confession de foy de Charenton, par MM. Comiers, d'Ambrum. *A Paris, chez René Guignard*, 1678, in-12, front. gr. mar. r. fil. à comp. tr. dor. pap. réglé. (*Rel. anc.*)

Bel exemplaire. Rare.

86. L'Apocalypse de Méliton, ou Révélation des Mystères cénobitiques, par Meliton. *A Saint-Léger*, 1668, petit in–12, rel. veau fauve à nerf, double filet, tr. dorée, frontispice gravé.

87. Histoire des tromperies des prestres et des moines, décrite dans un voyage d'Italie où l'on découvre les artifices dont ils se servent pour tenir les peuples dans l'erreur, et l'abus qu'ils font des choses de la religion, par M. G. Demiliane. *A Rotterdam, chez Abraham Acher*, 1713, 2 vol. in-12, rel. veau ant. fil.

88. Histoire des francs-maçons, contenant les obligations et statuts de la très-vénérable confraternité de la maçonnerie, conformes aux traditions les plus anciennes; approuvée de toutes les grandes loges, et mise au jour pour l'usage commun des loges répandues sur la surface de la terre. *A Lorient, chez G. de l'Étoile*, 1747, 2 tom. en 1 vol. in-12, rel. veau fauve, ant.

Bel exemplaire.

---

89. Pantheum mythicum, seu fabulosa Deorum historia, auctore P. Francisco Pomey; editio quinta, plurimis æneis figuris ornata. *Ultrajecti, apud Guilielmum van de Hater*, 1697, in-12, front. gr. vélin.

90. L'Alcoran de Mahomet, translaté d'arabe en françois par le sieur du Ryer, sieur de la Garde-Malezair. *Jouxte la copie imprimée à Paris chez*

Antoine de Sommaville, 1649, petit in-12, mar. bleu, fil., tr. dor.

Jolie édition. Exemplaire très-beau ; on y trouve des feuillets qui n'ont pas été atteints par le couteau du relieur. Hauteur : 134 millim.

91. L'Alcoran de Mahomet, translaté d'arabe en françois par le sieur du Ryer. *Suivant la copie imprimée à Paris, chez Antoine de Sommaville,* 1672, pet. in-12, veau brun.

Hauteur : 133 mill.

JURISPRUDENCE.

92. L'Ordre, formalité et instruction judiciaire, dont les Grecs et Romains ont usé ès accusations publiques, divisé en quatre livres, dont le dernier traicte des procez faits aux cadavres, cendres, à la mémoire, aux bestes brutes, choses inanimées, et aux contumax, par Pierre Ayrault ; édition dernière. *A Lyon, chez Jean Caffin,* 1642, in-4, basane.

Ouvrage estimé.

93. Perutilia ac summa in practica necessaria excellentissimi juris utriusque consulti domini Guidonis Pape. (A la fin) : *Anno domini* 1496, in-4, veau brun, filet, tr. dorée, ornement sur les plats.

94. Praxis rerum civilium, auctore clariss. viro Domino Jodoco Damhouderio. *Antuerpiæ, apud Joannem Bellerum, anno* 1567, in-4, parch. fig. sur bois.

Bel exemplaire avec témoins.

95. Les Ordonnances, statuts et instructions royaulx faictes par feux de bonne memoire les roys sainct Loys, Philippe le Bel, Jehan, Charles le Quint, Charles sixiesme, Charles septiesme, Loys un-

ziesme, Charles huytiesme, Loys douziesme et François premier de ce nom. *Nouvellement imprimées à Paris, au moys de septembre l'an mil cinq cens trente et six. On les vend à Paris, en la rue neufve nostre dame, à lescu de France, par Alain Lotrian, imprimeur et libraire*, in-4, bas.

Rare. Texte enlevé sur le titre.

96. Les Ordonnances et edictz du Roy très chrestien Henry deuxieme du nom, depuis son advenement à la couronne jusques à présent. *A Paris, au Palais, en la boutique de Galiot Du Pré, libraire*, 1553, in-8, veau, filets à froid.

97. Histoire tragique et arrests de la cour de parlement de Tholose, contre Pierre Arrias Burdeus, maistre François Gairaud, damoiselle Violante de Bats du Chasteau et autres, avec 131 annotations sur ce subiet, par M. Guillaume de Sigla, sieur de Cairas. *A Paris, chez Gilles Robinot*, 1613, in-18, mar. brun à nerv. orn. sur les plats, dent. int. tr. dor. (*Lortic.*)

Bel exemplaire. Hauteur : 168 mill.

98. Edit du roy, pour le règlement des imprimeurs et libraires de Paris. *A Paris, imprimerie de Jean-Baptiste Coignard, imprimeur et libraire*, 1688. (Dans le même volume :) Edit du roy pour le règlement des relieurs et doreurs de livres, registré en parlement le 7 septembre 1686, pet. in-12 alongé, veau ant.

99. Des Lettres de cachet et des prisons d'État, ouvrage posthume composé en 1778. *A Hambourg*, 1784, 2 part. en 1 vol. in-8, demi-rel.

SCIENCES.

100. Le Phédon de Platon, traittant de l'immortalité de l'âme, le dixiesme livre de la République, en ce qu'il parle de l'immortalité et des loyers et supplices éternels. Deux passages du mesme autheur à ce propos, l'un du Phèdre, l'autre du Gorgias, le tout traduit de grec en françois par Loys le Roy, dit Régius. *A Paris, chez Abel l'Angelier,* 1581, in-4, vél. fil. tr. dor.

Très-bel exemplaire de cette édition rare.

101. Le Tableau de Cébès de Thèbes, ancien philosophe et disciple de Socrates : auquel est paincte de ses couleurs la uraye image de la uie humaine et quelle uoye l'homme doit elire, pour peruenir à uertu et perfaicte science, premierement escript en grec, et maintenant exposé en ryme françoyse. *A Paris, de l'imprimerie de Denys Janot, imprimeur du Roy,* 1543, pet. in-8, fig. sur bois, veau brun, portant sur les plats d'un côté la tête d'Oloferne, et de l'autre côté celle de Judic.

Hauteur: 146 mill.

102. Aphthonii Progymnasmata, partim a Rodolpho Agricola, partim a Johanne Maria Catanæo, latinitate donata. *Amsterodami, apud Ludovicum Elzevirium,* 1649, pet. in-12, rel. veau, fil.

Hauteur : 129 mill.

103. Francisci Petrarchæ, de Contemptu mundi, colloquiorum liber quem secretum suum inscripsit. *Bernæ, excudebat Joannes Lepreux,* 1604, petit in-12, veau fauve, véritable nerf, fil., tr. dor.

104. Francisci Petrarchæ, de Remediis utriusque fortunæ libri duo, editio tertia, cum indicibus

locupletissimis. *Bernæ , excudebat Joannes Lepreux*, 1605, petit in-12, veau fauve, fil., tr. dor.

105. Les Très-Merveilleuses Victoires des femmes du
Nouveau Monde, et comment elles doibvent à tout
le monde par raison commander, et même à ceulx
qui auront la monarchie du monde vieil, par
Guillaume Postel. *A Paris, chez Jean Ruelle*. (À la
fin :) La Doctrine du siècle doré ou de lévangelike
(*sic*) de Jésus, roy des roys, par Guillaume Postel,
1553, 2 part. en 1 vol. pet. in-12, mar. r. fil. tr.
dor. (*Rel. anc.*)

106. Le Parfait Covrtisan du comte Baltasar Castil-
lonois, es deux langues, respondants par deux
colomnes l'une à l'autre pour ceux qui veulent
avoir l'intelligence de l'une d'icelles; de la traduction de Gabriel Chapuis, Tourangeau. *A Paris, par
Nicolas Bonfons*, 1585, in-8, vél.

107. Le Breviere des covrtisans, enrichiz d'vn grand
nombre de figures, par le sieur de La Serre, historiographe de France. *A Bruxelles, chez François
Vivien*, 1631, in-12, veau ant. marbr.

Avec les gravures de Corn. Galle, de Mallery et de Van Schoor.

108. Charron. De la Sagesse. *Leide, chez Jean El-
zevir*, *s. d.*, in-12, mar. br. dor. sur les plats,
doubl. de mar. r. dent.

Exemplaire remboîté dans une ancienne reliure.

109. L'Art de connoistre les hommes, par le sieur
de la Chambre, conseiller du roy en ses conseils et
son médecin ordinaire. *A Amsterdam, chez Jacques le Jeune*, 1660, pet. in-12, bas.

Hauteur : 127 mill.

110. De l'Usage des passions, par le R. P. J. E. Senault,
prestre de l'Oratoire. *A Paris, chez Christophe
Journel* (*s. d.*), in-12, front. gr. mar. r. tr. dor.

Ancienne reliure, très-fatiguée. Hauteur : 140 mill.

111. Recherches cvrieuses sur la diversité des langues
et religions, en toutes les principales parties du

monde, par Ed. Brerewood, et mises en françois par J. de la Montagne. *A Saumur, chez Jean Lesnier, imprimeur*, 1662, in-8, veau ant.

112. Réflexions, ou Sentences et Maximes morales de monsieur de la Rochefoucauld, nouvelle édition qui renferme de plus : les Maximes de madame la marquise de Sablé, les Pensées diverses de monsieur H. D. et les Maximes chrétiennes de M***. *A Amsterdam*, 1748, in-8, veau brun.

113. Les Pensées, Maximes et Réflexions morales de M. le duc*** (de la Rochefoucauld), nouvelle édition, augmentée de remarques sur chacune des réflexions, par M. l'abbé de la Roche. *A Paris, chez Ganeau, libraire*, 1765, pet. in-12, mar. r. fil. tr. dor. (*Rel. anc.*)

114. Réflexions, Sentences et Maximes morales de la Rochefoucauld ; nouvelle édition, conforme à celle de 1678, par G. Duplessis, avec une préface par C.-A. Sainte-Beuve. *A Paris, chez P. Jannet, libraire*, 1853, in-12, mar. vert foncé, fil. tr. dor. (*Capé.*)

Exemplaire sur papier de Chine.

115. Traité de la nature et de la grâce, par l'auteur de la Recherche de la vérité (le P. Mallebranche). *A Rotterdam, chez Reiniereers*, 1684, in-12, exempl. réglé, mar. vert, dos orné, large dent. à comp. doublé de mar. rouge, avec dent. tr. dor. (*Rel. anc.*)

A la fin du volume, défense de l'auteur de la Recherche de la vérité, contre l'accusation de M. de la Ville.

116. De la Philosophie du bonheur, ouvrage recueilli et publié par l'auteur de la Philosophie de la nature (Delisle de Sales). *Paris*, 1796, 2 vol. in-8, pap. vél. *figures d'Eisen gravées par de Longueil, avant la lettre*, cart. non rog.

117. Les Bas-Fonds de la société, par Henry Monnier, avec un frontispice du lundi. *Sur l'imprimé*

à Paris, chez J. Claye, Amsterdam, 1864, in-8,
demi-rel. dos et coins de mar. viol. à nerfs, et
fleur. tête marbr, non rog.

118. La Philosophie des images énigmatiques, où
il est traité des énigmes, oracles, loteries, divi-
nations, prophéties, centuries de Nostradamus,
par le R. P. Cl.-François Menestrier. *A Lyon,
chez Hilaire Baritel,* 1694, in-8, bas.

119. Mundi Lapis Lydius, sive vanitas per veritatem
falsi accusata et convicta, opera D. Antonii a Bur-
gundia. *Antuerpiæ, typis viduæ Joan. Enobbari,*
1639, in-4, veau ant. 50 gravures d'André Po-
wels.

120. La Doctrine des mœurs, où sont représentés en
cent tableaux la différence des passions, qui enseignent la manière de parvenir à la sagesse universelle, par M. de Gomberville. *Au Palais, chez
A. Soubron, libraire de la Reine,* 1681, 2 vol.
in-12, v. ant.

Bel exemplaire.

121. Emblèmes, ou Devises chrétiennes, ouvrage
mêlé de prose et de vers, et enrichi de figures. *A
Lyon, chez Mathieu Chavance, libraire,* 1717,
in-12, veau ant. fil.

---

122. Apologie pour les grands hommes soupçonnez
de magie, par F. Naudé, Parisien, dernière édition,
où l'on a ajouté quelques remarques. *A Amsterdam,* 1712, in-12, front. gr. veau ant.

123. Apologie pour tous les grands hommes qui ont
été accusez de magie, par M. Naudé. *A Paris, chez
Jacques Cotin,* 1669, deux parties, in-12, veau.

124. Les OEuvres tant médicinales que chimiques
du R. P. Gabriel de Castaigne divisées en quatre
principaux traitez : 1er, le Paradis terrestre ; 2e,
le Grand Miracle de la nature métallique ; 3e, l'Or

potable; 4ᵉ, le Thrésor philosophique de la médecine métallique, avec la méthode de faire l'onguent Manus Dei. *A Paris, chez Jean d'Houry,* 1661, in-8, veau ant.

125. Mirabilis liber qui prophetias, revelationes, necnon res mirandas preteritas, presentes et futuras, aperte demonstrat. (La seconde partie est en français.) In-12, goth. veau, fil.

Édition rare. Titre récmmargé dans le fond.

126. Les Mondes célestes, terrestres et infernaux, le Monde petit, grand, meslé, risible, des sages et fols, l'Enfer des escoliers, des mal-mariez, etc., tirez des œuvres de Doni, Florentin, par Gabriel Chappuis, Tourangeau, depuis reveuz, corrigez et augmentez du Monde des Cornuz, par F. C. T. (Fr. Chappuis). *A Lyon, pour Barthelemy Honorati,* 1583, in-8, veau ant. fil.

127. Harmonie mystique, ou Accord des philosophes chymiques, avec les Scholies sur les plus difficiles passages des autheurs y allégués, desquels les noms sont ès pages suyuantes, le tout par le Sʳ l'Agneau, d'Aix en Provence, traduit par le Sʳ Veillutil. *A Paris, chez Melchior Mondière,* 1636, in-8, vél.

Livre peu commun; un timbre sur le titre.

128. Jules Obsequent : des Prodiges, plus trois livres de Polydore Virgile sur la mesme matière, traduis de latin en françois par George de la Bouthière, Autunois. *A Lyon, par Jan de Tournes,* 1555, in-8, fig. mar. vert foncé à nerv., ornements sur les plats, dent. int. tr. dor. (*Lortic.*)

Exemplaire grand de marges.

129. La Manière d'amolir les os et de faire cuire toutes sortes de viandes en peu de temps et à peu de frais, avec une description de la machine dont il faut se servir à cet effet..., par M. Papin, docteur. *A Paris, chez Estienne Michallet,* 1682, pet. in-12, rel. bas.

130. Luipold, dux Austriæ. Compilatio Luipoldi ducatus Austrie filii de Astrorum scientia, decem continens tractatus, 1520, in-4, une figure sur bois, grand de marges, veau moderne.

Bel exemplaire.

131. Lettre sur la Comète, par de Maupertuis. (*A la Sphère*), 1742, pet. in-12, gr. pap. de Hollande, mar. r. à comp. tr. dor. (*Rel. anc.*)

———

132. Essais anatomiques contenant l'histoire exacte de toutes les parties qui composent le corps de l'homme, avec la manière de disséquer, par M. Lieutaud. *A Paris, chez Pierre-Michel Huart,* 1742, in-8, mar. r. tr. dor. (*Rel. anc.*)

133. Sever. Pinæus de virginitatis notis, graviditate et partu. Ludov. Bonaciolus de conformatione fœtus. Accedunt alia. *Lugd. Batavor., apud Franciscum Hegerum, anno* 1641, pet. in-12, veau porph. ant. fil. tr. dor. (*Figures.*)

134. Mélanges de physique et de médecine, par M. Le Roy, professeur en médecine. *A Paris, chez P.-G. Cavelier,* 1771, in-8, mar. r. dent. à comp. tr. dor. (*Armoiries.*)

135. La Médecine prétendue réformée, ou l'examen d'un traité des Fièvres imprimé à Utrecht, et composé par un auteur hollandois. *A Paris, chez L. d'Houry,* 1683, in-12, mar. r. fil. tr. dor. (*Rel. anc.*)

136. Préservatifs et Remèdes contre la peste, ou le Capucin charitable, par le Père Maurice de Tolon. *A Paris, chez la veuve de Denys Thierry,* 1668, in-8, veau ant.

137. Le Médecin sincère, qui enseigne par une méthode aisée à connoître, à guérir, à soulager et à prévenir les maladies par des remèdes doux et faciles à composer, composé par M. de la Haye,

médecin. Seconde édition. *A Paris, chez Laurent d'Houry,* 1767, in-8, veau ant.

138. Traitez nouveaux et curieux du café, du thé et du chocolat, ouvrage également nécessaire aux médecins et à tous ceux qui aiment leur santé, par Philippe-Sylvestre Dufour. *A Lyon, chez Jean Girin,* 1685, in-12, fig. grav. veau fauve ant.

139. Traicté de la dissolvtion dv mariage par l'impuissance et froideur de l'homme ou de la femme. *A Paris, par Mamert Patisson, imprimeur du Roy, chez Rob. Estienne,* 1581, pet. in-12 de 3o ff. mar. r. fil. dent. int. tr. dor. (*Belz-Niedrée.*)

140. Traité des Embaumemens, selon les anciens et les modernes, avec une description de quelques compositions balsamiques et odorantes, par Louis Penicher, apoticaire de Paris. *A Paris, chez Barthelemy Girin, libraire,* 1699, pet. in-12, veau ant.

141. Histoire des personnes qui ont vécu plusieurs siècles et qui ont rajeuni, avec le secret du rajeunissement, tiré d'Arnault de Villeneuve, par M. de Longeville Harcouet. *A Paris, chez la veuve Charpentier,* 1715, in-12, cartonné, non rog.

142. Herbolario volgare, nel qual le virtù delle herbe, et molti altri simplici se dechiarano, con alcune belle aggionte novamente de latino in volgare tradutto. (A la fin :) *Stãpato in città di Venetia per Gioanni Mari Paalamides,* 1540, gothique, in-8, vélin.

Un grand nombre de planches dans le texte.

---

143. La Nouvelle Agriculture, ou Instruction générale pour ensemencer toutes sortes d'arbres fruitiers, avec l'usage et propriétez d'iceux, par Pierre de Quiqueran. *A Tournon, pour Robert Reignaud, libraire,* 1616, in-8, parch.

Rare.

144. Manuel d'Agriculture pour le laboureur, pour le propriétaire et pour le gouvernement, avec la réfutation de la nouvelle méthode de M. Thulle, par M. de la Salle de l'Etang, seigneur de Muyr. *A Paris, chez Lottin l'aîné et Dessain,* 1764, in-8, gr. pap. mar. r. fil. tr. dor. (*Rel. anc.*)

Aux armes du duc d'Orléans.

145. Le Jardinier françois, qui enseigne à cultiver les arbres et herbes potagères, avec la manière de faire toutes sortes de confitures, conserves et massepains. *A Paris, chez Pierre Deshayes,* 1651, pet. in-12, vél. front. grav. Gravures.

---

146. Réflexions sur les avantages de la libre fabrication et de l'usage des toiles peintes en France, pour servir de réponse aux divers mémoires des fabriquans de Paris, Lyon, Tours, Rouen, etc. *A Genève et à Paris, chez Damonneville,* 1758, in-12, veau ant. marb. fil.

BEAUX-ARTS.

ARTS DIVERS.

147. Bibliothèque des artistes et des amateurs, ou Tablettes analytiques et méthodiques sur les sciences et les beaux-arts, par l'abbé de Petity. *A Paris, chez P.-G. Simon,* 1766, 3 vol. in-4, frontisp. de Gravelot, demi-rel. Bien complet.

148. Vies des premiers peintres du roi, depuis M. Le Brun jusqu'à présent. *A Paris, chez Duvanel et Pissot fils,* 1752, 2 tom. en 1 vol. in-12, mar. r. fil. tr. dor. (*Rel. anc.*)

149. La Vie de Pierre Mignard, premier peintre du Roy, par M. l'abbé de Monville, avec le poëme de Molière sur les peintures du Val-de-Grâce, et deux dialogues de M. de Fénelon, archevêque de Cambray, sur la peinture. *A Paris, chez Jean Boudot,* 1730, in-12, cart.

150. Musée royal de Naples, peintures, bronzes et statues du cabinet secret, avec leur explication, par M. C. F., contenant 60 gravures coloriées. *Abel Le Doux, éditeur,* gr. in-4, demi-rel. bas.

Le bas du titre est déchiré.

151. OEuvres de F.-E. Weirotter, contenant près de deux cents paysages et ruines, dessinés d'après nature et gravés à l'eau-forte par lui-même, in-fol. cart. non rog.

Bel exemplaire.

152. Dictionnaire des graveurs anciens et modernes, depuis l'origine de la gravure, par F. Basan, graveur. Seconde édition. *A Paris, chez Prault, imprimeur du Roy,* 1789, 2 vol. in-8, front. et fig. de Cochin, veau, fil. dent. tr. dor.

153. Promtuarii iconum insigniorum a seculo hominum, subiectis eorum vitis, per compendium ex probatissimis autoribus desumptis, editio secunda. *Lugduni, apud Gulielmum Rovillium,* 1581, in-4, veau ant. 2 part. en 1 vol.

154. I Marmi del Doni, Academico Peregrino. *In Vinegia, per Francesco Marcolini,* 1552, in-8, demi-rel. veau. Grand nombre de figures dans le texte.

155. Collection de 25 portraits de personnages les plus célèbres du siècle de Louis XIV, avec une notice sur chacun, dessinés par Devéria et gravés par Dieu, Tavernier, Decauvilliers, Sixdeniers, Muller, Adam, Johanneau, etc., etc. *Paris, Lemarchand, éditeur,* 1829, in-8, br. non rog.

156. Les Ruses innocentes, dans lesquelles se uoit comment on prend les oyseaux passagers et non passagers, et de plusieurs sortes de bêtes à quatre pieds, avec les plus beaux secrets de la pêche, par F. F. F. R. D. G. (frère François Fortin, religieux de Grammont), dit le Solitaire inventif. *Suivant la copie de Paris. A Amsterdam, chez Daniel de la Feuille,* 1695, 5 part. en 1 vol. in-8, fig., veau ant.

157. Amusemens de la campagne, ou Nouvelles Ruses innocentes, qui enseignent la manière de prendre aux piéges toutes sortes d'oiseaux et de bêtes à quatre pieds, le tout divisé en cinq livres, par le sieur Liger. *A Paris, au Palais, chez Saugrain père,* 1753, 2 vol. in-12, veau ant.

Grand nombre de gravures.

158. Trois Dialogues de l'exercice de sauter, et voltiger en l'air, avec les figures qui seruent à la parfaite démonstration et intelligence du dict art, par le Sr Archange Tuccaro. *A Paris, chez Claude de Monstr'œil,* 1599, in-4, fig. sur bois, veau fauve ant. fil. tr. dor.

Petites piqûres de vers.

159. Essai sur la Musique ancienne et moderne (par de la Borde et l'abbé Roussier). *Paris, de l'imprimerie de Ph. Pierres,* 1780, 4 vol. in-4, très-belles figures avec toutes les planches de musique, veau fauve, triple filet, tr. dor.

Bel exemplaire.

160. Traité des Tournois, Joustes, Carrousels et autres spectacles publics (par le P. Claude-François Menestrier). *A Lyon, chez Jacques Muguet,* 1669, in-4, veau ant.

BELLES-LETTRES.

161. L'Apothéose du Dictionnaire de l'Académie, et
son expulsion de la région céleste, ouvrage contenant cinquante remarques critiques sur ce dictionnaire. *A la Haye, chez Arnout Leers, imprimeur
et marchand libraire ,* 1696, petit in-12, veau
brun, fil.

162. Nicolai Cavssini, Trecensis, e societate Jesv, de
eloqventia sacra et hvmana, libri XVI, editio tertia.
*Lutetiæ Parisiorum, sumptibus Mathurini He-
nault,* 1630, in-4, bas. rouge, fil. dos orné, large
dent., tr. dor.

Exemplaire bien conservé.

163. De l'Éloquence françoise, édition nouvelle. *A
Paris, chez Abel l'Angelier,* 1605, in-24, parch.

Dans le même volume : Remonstrance faite aux habitants de Marseille, par
le président du Vair, en l'an 1536.

164. C. Plinii Secundi Panegyricus, Trajano Au-
gusto dictus. *Basileæ, per Jo. Froben an.,* 1520.
Les 3 premiers feuillets sont encadrés, et le dernier porte la marque de l'imprimeur avec un
blason au-dessous, in-4, veau ant.

165. Les Marguerites françoises, ou Fleurs de bien
dire, contenant plusieurs belles et rares sentences
morales, recueillies des plus excellens et graues
autheurs, et mises en ordre alphabétic. — La Svite
des Marguerites françoises, ou Second Thrésor de
bien dire, par Fr. Des Rües, Constançois. *A Rouen,
chez Jacques Cailloué,* 1625, pet. in-12, vél.

166. Apologie d'Homère et Bouclier d'Achille. *A
Paris, chez François Jouenne,* 1715, petit in-8, rel.
veau fauve à nerf véritable, doub. filet, dor. s. tr.

167. Publii Virgilii Maronis Opera, curis et studio Stephani Andreæ Philippi. *Lutetiæ Parisiorum, typis Josephi Barbou,* 1754, 3 vol. pet. in-12, veau, fil. tr. dor. gravures de Cochin fils.

168. Métamorphoses d'Ovide en rondeaux imprimez et enrichis de figures par ordre de Sa Majesté. *A Amsterdam, chez Pierre Mortier, libraire,* 1697, 2 tom. en 1 vol. pet. in-8, veau ant. fil. dent.

169. Les Métamorphoses d'Ovide, avec des explications à la fin de chaque fable, traduction nouvelle par M. l'abbé de Bellegarde. *A Paris, chez Michel Brunet,* 1701, 2 vol. in-8, veau ant.
Gravures dans le texte.

170. Métamorphoses d'Ovide en rondeaux, enrichis de figures. *A Paris, de l'Imprimerie royale,* 1676, gr. in-4, bas.
Gravures en bonnes épreuves.

171. Le Metamorfosi di Ovidio, ridotte da Giovanni Andrea dell' Anguillara, in ottava rima, con l'annotatione di Gios. Horologgi et gli argomenti et postille di Fr. Turchi. *In Venetia, appresso Fabio et Agostino Goppini,* 1580, in-4, veau ant. grav. dans le texte.

172. Cajus Valerius Catullus, et in eum Isaaci Vossii observationes. *Prostant apud Isaacum Littleburi bibliopolam Londinensem,* 1684, in-4, vél.

173. Di Tito Lucrezio Caro della Natura delle cose libri sei, tradotti da Alessandro Marchetti, prima edizione. *Londra, per Giovanni Pickard,* 1717, in-8, veau fauve ant.

174. La Pharsale de Lvcain, ou les Guerres civiles de César et de Pompée, en vers françois, par M. de Brebevf. *Imprimé à Rouen par L. Maurry, pour Antoine de Sommaville, marchand libraire à Paris,* 1657, pet. in-12, veau ant. fil.

175. La Pharsale de Lucain ou les Guerres civiles de César et de Pompée, en vers francois, par M. de Brébevf. *Imprimé à Troyes, et se vend à Paris, chez Jean Ribou,* 1666, in-12, front. et fig. gravé, mar. r. fil. à comp. tr. dor. (*Rel. anc.*)

176. Erotopægnion, sive Priapeia veterum et recentiorum Veneri Jocosæ sacrum. *Lutetiæ Parisiorum,* 1798, 2 part. en 1 vol. in-8, carton. deux front. gravés.

177. Les Baisers de Jean Second, traduction françoise accompagnée du texte latin par M. M. C... *A Cythère et à Paris, chez Pillot, libraire,* 1771. Dans le même volume : Le Caleçon des coquettes du jour. *A la Haie,* 1763. — Zélis au bain, poëme en quatre chants. *A Genève,* grav. in-8, veau ant.

178. Ægidii Menagii Poemata, secunda editio. *Parisiis, apud Augustinum Courbé,* 1656, in-12, mar. r. fil. à comp. tr. dor. (*Rel. anc.*)

Il y a au bas du titre un *ex-dono* de l'auteur.

---

179. Le Parnasse françois, dédié au roi par M. Titon du Tillet. *A Paris, impr. de Jean-Baptiste Coignard fils, imprimeur du roi,* 1736, in-fol. front. et portr. gravés, veau ant. fil.

180. Le Parnasse des Poëtes françois modernes, contenant leurs plus riches et graves sentences, discours, descriptions et doctes enseignements, recueillis par feu Gilles Corrozet, Parisien. *A Lyon, pour Benoist Rigaud,* 1583, in-24, mar. vert, fil., tr. dorée.

Exemplaire lavé, et court de marges.

181. Sensuyt le Rōmant de la Rose, aultrement dit le Songe Vergier, *nouvellement imprimé à Paris. On les vend à Paris en la rue Sainct-Jaques a lenseigne de la Rose blanche couronnée.* (A la fin :) *Et cy finist le Roman de la Rose nouvellement im-*

primé à Paris lan mil cinq cēs XXVl, le 7ᵉ jour de fevrier, in-4 gothique, mar, rouge, fil. à compartiment, tr. dorée.

Les coins des 8 premiers feuillets ont été remontés ainsi que la marge du paemier feuillet.

182. Le Roman de la Rose, par Guillaume de Lorris et Jean de Meun dit Clopinel, accompagné de plusieurs autres ouvrages, d'une préface historique, de notes et d'un glossaire. *A Paris, chez la veuve Pissot,* 1735, 4 vol. in-12, mar. r. fil. comp. fleur. tr. dor. (*Rel. moderne.*)

Exemplaire où se trouvent les deux préfaces. Témoins et feuillets non coupés.

183. CHANTS ROYAULX, oraisons et aultres petits traitez faictz et composez par feu de bonne memoire maistre Guillaume Cretin, en son vivant chantre de la Saincte Chapelle royale à Paris, et tresorier du bois de Vincennes. *On les vend à Paris, en la grant salle du palais, au premier pillier en la boutique de Galliot du Pré, marchant libraire juré de luniversité* (1527), pet. in-8, goth. mar. r. fil. à comp. tr. dor. (*Rel. moderne.*)

Hauteur : 161 mill. Dans cet exemplaire, lavé et encollé, quelques feuillets ont des raccommodages : le feuillet 154 ainsi que les deux derniers ont été refaits.

184. Les OEuvres de feu maistre Alain Chartier en son vivant secrétaire du feu roy Charles septiesme du nom, nouvellement imprimées, reveues et corrigees oultre les précédentes impressions. *On les vend à Paris, en la grant salle du palais au premier pillier, en la boutique de Galliot du Pré, libraire juré de luniversité,* 1529. (A la fin :) *Fin des œuvres de maistre Alain Chartier, imprimées à Paris, p maistre Pierre Vidoue, l'an* 1529, *pour Galliot du Pré...* in-12, veau ant. fil. sur les plats.

Hauteur : 127 mill. Édition très-recherchée. Lettres rondes.

185. Les OEuvres de maistre Alain Chartier, contenant l'histoire de son temps, l'Espérance, le

Curial, le Quadrilogue et autres pièces toutes nouvellement réunies, corrigées et de beaucoup augmentées sur les exemplaires écrits à la main, par André Duchesne. *A Paris, de l'imprimerie de Pierre le Mur, près la porte Sainct-Victor,* 1617, in-4, demi-rel. bas.

Exemplaire bien conservé. Hauteur des marges : 217 mill.

186. Imitations tirées du latin de Jean Bonnefons, avec autres Amours et Mélanges poétiques de l'invention de l'autheur. *A Tours, chez Jamet Metteyer,* 1533, petit in-12, veau fauve.

187. Les OEuvres poétiques de Remy Belleau, rédigées en deux tomes, reveuës et corrigées en ceste dernière impression. *A Lyon, pour Thomas Sonbron,* 1592, pet. in-12, rel. peau de truie estampé.

Hauteur des marges : 128 mill.

188. Les OEuvres de François Villon. *A Paris, impr. d'Antoine-Urbain Coustelier,* 1723, in-12, veau antique.

189. OEuvres de François Villon, avec les remarques de diverses personnes. *A la Haie, chez Adrien Moetjens,* 1742, in-8, veau, rac.

Bel exemplaire.

190. La Bergerie de Remy Belleau, divisée en une première (et une seconde) journée. *Paris, Gilles Gilles,* 1572, petit in-8, mar. vert, fil., tr. dorée. (*Reliure moderne.*)

Bel exemplaire de ce livre peu commun.

191. Le Dodechedron de Fortune, livre non moins plaisant et récréatif que subtil et ingénieux, entre tous les jeux et passe-temps de fortune, autrefois composé par Jan de Meun pour le Roi Charles V. *Paris, Robinet,* 1615, petit in-8, mar. mauve, fil. à comp., tr. dor.

Reliure moderne. Très-bel exemplaire.

192. La Sepmaine ov Création du monde, de G. Saluste, seigneur du Bartas. *A Paris, pour Michel
Gadoulleau, demourant au clos Bruneau, à la Corne
de cerf,* 1580, pet. in-12, mar. brun, fil. à comp.
dent. int. tr. dor. (*Capé.*)

Hauteur : 136 mill.

193. Les Premières OEuvres de Philippes des Portes.
*A Rouen, chez Raphael du Petit-Val, devant la
grand' porte du Palais,* 1594, pet. in-12, veau
ant. filets.

137 millim.

194. Les OEuvres de Clément Marot de Cahors,
valet de chambre du roy. *A la Haye, chez Adrian
Moetjens,* 1700, 2 vol. pet. in-12, mar. r. fil. tr.
dor. (*Rel. anc.*)

Bel exemplaire : 133 millim.

195. OEuvres de Clément Marot. *La Haye, Adrian
Moetjens,* 1702, 2 vol. pet. in-12, veau, fil. à comp.,
tr. dor.

196. Le Plaisir des champs, en quatre livres, selon
les quatre saisons de l'année, par Clavde Gau-
chet, édition augmentée d'un Devis d'entre le
chasseur et le citadin, avec l'Instruction de la
vennerie, volerie et pescherie. *Paris, Abel l'Angelier,* 1604, in-4, bas.

Exemplaire grand de marges.

197. Le Cabinet satyrique, ov Recueil parfaict des
uers picquans et gaillards de ce temps, tiré des
secrets cabinets des sieurs Sigognes, Regnier,
Motin, etc., nouvelle édition. *A Rouen, et se vendent à Paris, chez Cardin Besongne,* 1627, in-8,
mar. r. fil. à comp. dos orné, tr. dor. (*Hardy.*)

Hauteur : 165 millim. Bel exemplaire.

198. Les Bergeries de Racan. *Paris, pour Toussaint
du Bray,* 1630, petit in-8, mar. vert, fil. à comp.,
tr. dor. (*Reliure moderne.*)

199. Dernières OEuvres et poesies chrestiennes de messire Honorat du Bueil, chevalier, seigneur de Racan. *A Paris, chez Pierre Lamy*, 1660, in-8, veau marron, doub. fil., tr. dor.

Dix-sept feuillets ont été réemmargés, tache d'humidité à plusieurs.

200. Les OEuvres de M. Honorat de Beuil, chevalier, seigneur de Racan. *A Paris, chez Antoine Coustelier*, 1724, 2 vol. in-12, veau ant.

201. La Sepmaine, ou Création du monde, de Guillaume de Saluste, seigneur du Bartas, reveuë, augmentée et embellie en divers passages par l'auteur mesme. *Pour Jacques Chouet*, 1601, petit in-12, vélin.

202. Apologie de Théophile. 1624, 43 pages. — La Pénitence de Théophile. 1624, 12 pages. — Requeste de Théophile au roy. 1624, 16 pages. — Les Larmes de Théophile, prisonnier, sur l'espérance de sa liberté. *A Paris*, 1624, 14 pages, pet. in-12, demi-rel.

Rare.

203. Les OEuvres et suite des œuvres du sieur de Saint-Amant, seconde édition. *A Paris, chez Nicolas Trabouillet*, 1633, petit in-4, veau fauve, fil., tr. dor.

204. Moyse sauvé, idyle héroïque du sieur de Saint-Amant, à la sérénissime reyne de Pologne et de Suède. *A Leyde (à la Sphère), chez Jean Sambix*, 1643, pet. in-12, veau ant.

205. Adam Billaut (M^e) menuisier de Nevers, les chevilles. *Paris, Toussainct Quinet*, 1644, in-4, mar. r. fil. à comp. dent. int. tr. dor. (*Reliure moderne.*)

A la fin du volume : les Stances de maître Adam, au parc de Nevers. — Sur le Départ de la sérénissime reine de Pologne. *Paris, T. Quinet, 1645.* Exemplaire lavé et encollé.

206. Le Vilebrequin de Me Adam, menvisier de Nevers, contenant toutes sortes de poésies gallantes, tant en sonnets, épistres, épigrammes, élégies, madrigaux, que stances et autres pièces curieuses et divertissantes sur toutes sortes de sujets. *A Paris, chez Gvillavme de Lvyne*, 1663, in-12, mar. r. fil. à comp. tr. dor.

Piqûres de vers.

207. Alaric, ou Rome vaincue, poëme héroïque par M. de Scudéry. *A Paris, chez Augustin Courbé*, 1654, in-fol. veau ant. 10 grandes planches par Chauveau et deux portraits gravés par Nanteuil.

208. La Pucelle, ou la France délivrée, poëme héroïque, par M. Chapelain. *A Paris, chez Augustin Courbé*, 1656, in-fol. veau ant. grandes planches et deux portraits gravés par Nanteuil.

209. Fables choisies, mises en vers par J. de la Fontaine. *A Bouillon, aux dépens de la Société typographique*, 1776, 4 vol. in-8, veau ant. fig. tr. dor.

Bel exemplaire. 248 figures imitées d'Oudry en bonnes épreuves.

210. Fables de la Fontaine, avec figures gravées par Simon et Coiny. *A Paris, chez Bossange, Masson et Besson, libraires, an IV* (1796), 6 vol. pet. in-12, veau ant. fil. tr. dor.

Papier vélin. Bel exemplaire

211. Fables choisies, mises en vers par J. de la Fontaine, nouvelle édition, ornée de 248 figures en taille-douce. *A Lausanne, chez Luquiens Cadet, libraire*, 1806, 4 vol. in-8, bas.

212. Fables de la Fontaine, avec un nouveau commentaire littéraire et grammatical, par Ch. Nodier, ornées de douze belles gravures. *Paris, Alexis Eymery, libraire*, 1818, 2 vol. in-8, broché, pap. vélin, non rog.

213. Contes et Nouvelles en vers de M. de la Fontaine, nouvelle édition, enrichie de tailles-douces. *A Amsterdam, chez Henry Desbordes*, 1695, 2 tom. en 1 vol. in-8, v. ant.

214. Contes et Nouvelles en vers, par M. de la Fontaine, nouvelle édition, enrichie de tailles-douces (dessinées par Romain de Hooge). *A Amsterdam, chez Pierre Brunel*, 1719, 2 vol. pet. in-8, mar. r. fil. tr. dor. (*Rel. anc.*)

215. Contes et Nouvelles en vers de la Fontaine. *A Amsterdam*, 1745, 2 vol. in-8, veau ant. marbr. front. et jolies vignettes en tête de chaque conte.

216. Contes et Nouvelles en vers, par M. de la Fontaine. *A Londres* (*s. d.*), 4 part. en 2 vol. in-18, demi-rel. veau f. tr. peign. portr. front. et fig. gravés avant la lettre.

217. Contes et Nouvelles en vers, par M. de la Fontaine. *A Paris, chez Plassan, imprimeur libraire*, 1792, 2 vol. in-8, portr. et fig. gravées, demi-rel. dos et coins mar. r. fleurons, fil. tr. rouge.

218. Contes et Nouvelles en vers, par M. de la Fontaine, nouvelle édition, avec 85 figures en taille-douce. *A Londres*, 1801, 2 vol. pet. in-12, veau marbr. fil. tr. dor.

Plusieurs figures doubles avant la lettre.

219. Poëme du Quinquina et autres ouvrages en vers de M. de la Fontaine. *A Paris, chez Denis Thierry et Claude Barbin*, 1682, in-12, veau ant. fil.

Édition originale.

220. Les OEuvres posthumes de M. de la Fontaine (publiées par Mme Ulrich). *A Paris, chez Guillaume de Luyne, libraire juré*, 1696, in-12, vél.

221. Poësies de madame Deshoulières. *A Paris, chez la veuve de Sébastien Mabre-Cramoisy, imprimeur du Roy, rüe Saint-Jacques aux Cicognes*, 1688, pet. in-8, veau marbr. fil.

Première édition.

222. Lutrigot, poëme héroï-comique (par Balthasar de Bonnecorse). *A Marseille, chez Charles Brebion, imprimeur*, 1686, pet. in-12, bas.

223. Les OEuvres de M. de Benserade. *A Paris, chez Charles de Sercy*, 1697. (A la fin du privilége :) *Achevé d'imprimer pour la première fois le 22 novembre 1696*, 2 vol. in-12, demi-rel. bas.

224. Cloris, poëme, dédié au roy. *A Genève, chez Jean Mokpap*, 1725. — (Dans le même volume :) Le Vice puni, ou Cartouche, poëme. *A Anvers, chez Nicolas Grandveau*, 1725, 2 ouvr. en 1 vol. in-8, bas. fil.

225. Le Vice puni, ou Cartouche, poëme. *A Anvers, chez Nicolas Grandveau*, 1725, in-8, cart. grav.

226. L'Art d'aimer et poésies diverses de M. Bernard (dit Gentil Bernard). (*S. l. n. d.*), in-8, mar. r. fil. tr. dor. (*Rel. anc.*)

Bel exemplaire, grand de marges; belles gravures de Martini et de Eisen. Hauteur : 215 millim.

227. Poésies sacrées de monsieur L* F****, divisées en quatre livres, et ornées de figures en taille-douce. *A Paris, chez Chaubert*, 1751, in-8, veau antique.

228. Poésies diverses de M. Cocquard. *A Dijon, chez Desventes, libraire*, 1754, 2 vol. in-12, br. non rogné.

229. La Colombiade, ou la Foi portée au nouveau monde, par madame Dubocage. *A Paris, chez Desaint et Saillant*, 1756, in-8, veau, figures.

230. Anthologie françoise, ou Chansons choisies depuis le xiiie siècle jusqu'à présent. *S. l.* 1765, 5 vol. in-8, avec musique et grav. de Gravelot, Cochin, etc., veau porph. fil.

231. Les Sens, poëme en six chants, par M. de Rozoi, seconde édition, revuë et corrigée par l'auteur. — Epître au verrou de ma porte (par le même). *A Londres*, 1767, 2 ouvr. en 1 vol. in-8, front. 7 fig. et 7 vign. de Ch. Eisen, gr. par de Longueil, veau ant. marbr.

Bonnes épréuves. Bel exemplaire.

232. Les Grâces (précédées d'une dissertation par l'abbé Massieu, et suivies d'un discours par le Père André, recueil publié par de Querlon). *A Paris, chez Laurent Prault, libraire, quai des Augustins,* 1769, in-8, veau ant. fil. tr. dor. grav. de Moreau jeune et Boucher.

Superbe exemplaire en grand papier de Hollande.

233. Les Cerises et la Double Méprise, contes en vers, pour servir de suite à ceux d'Alphonse et de l'Isle merveilleuse. *A la Haye,* 1769, broch. de 42 pages, grand pap. une grav. in-8.

234. Les Baisers (par Dorat), précédés du Mois de Mai. *A la Haye, et se trouve à Paris, chez Delalain,* 1770. — Nouvelle Zélis au Bain, poëme en six chants, nouvelle édition. *A Genève, et se trouve à Paris, chez Merlin,* 1768, 2 part. en 1 vol. in-8. veau porph., jolies gravures et culs-de-lampe, de Eisen, gravés par Ponce et de Longueil.

Bonnes épreuves; exemplaire court de marges.

235. Fables nouvelles (par Dorat). *A la Haye, et se trouve à Paris,* 1773, in-8, gr. pap. veau porph. filets.

Cul-de-lampe et gravures. — Bonnes épreuves. Bel exemplaire de ce livre recherché.

236. Cantiques, ou Opuscules lyriques sur différens sujets de piété, avec les airs notés. *A Toulouse, imprimerie de Jean-Florent Baour,* 1768, in-8, mar. r. fil. ornements, tr. dor. (*Rel. anc.*)

237. La Peinture, poëme en trois chants, par M. Le Mierre. *A Paris, chez Le Jay, libraire,* 1769, in-4, veau ant. Gravures.

Bel exemplaire.

238. La Déclamation théâtrale, poëme didactique en quatre chants (par Dorat), précédé et suivi de quelques morceaux de prose, quatrième édition. *A Paris, chez Delalain, libraire,* 1771, in-8, br. gr. pap. Gravures de Eisen,

239. Historiettes ou Nouvelles en vers, par M. Imbert. *A Amsterdam,* 1774. — Le Jugement de Paris, poëme en IV chants, par M. Imbert. *Amsterdam,* 1772, in-8, veau ant. marbr. gr. pap. figures de Moreau le jeune.

Bel exemplaire.

240. Les Saisons, poëme (par Saint-Lambert). *A Amsterdam,* 1773, in-8, veau porph. fil. tr. marbr. Gravures de Le Prince et de Gravelot.

241. L'Art d'aimer, nouveau poëme en six chants, édition enrichie de figures. *A Londres, aux dépens de la compagnie,* 1775, in-8, demi-rel. bas.

242. Narcisse dans l'isle de Vénus, poëme en IV chants. *A Paris, chez Chaignieau aîné,* 1797.— Le Jugement de Pâris, poëme en IV chants, par Imbert. *A Paris, chez Chaignieau aîné,* 1797, petit in-12, broché, non coupé, grand papier, belles gravures de Saint-Aubin et Moreau.

243. Bibliothèque des Amans, odes, par M. Sylvain M*** (Maréchal). *De l'imprimerie de Cailleau, rue Saint-Séverin, s. d.,* pet. in-12.

244. Recueil de Poëtes gascons; première partie, contenant les œuvres de Pierre Goudelin, de Toulouse, avec le Dictionnaire de la langue toulousaine. —Seconde partie, contenant les OEuvres du sieur le Sage, de Montpellier, et du sieur Michel, de Nîmes, 2 vol. pet. in-8, veau ant. front. gravé, une gravure dans le texte.

245. Las Obros de Pierre Govdelin, augmentados d'uno noubelo flourito. (*A la fin se trouve :*) Le Diccionnari Mundi. *A Toulouse, per Pierre Bosc,* 1647, in-4, demi-veau vert.

Ouvrage rare. Exemplaire rogné et mouillé.

246. Las Obros de Pierre Goudelin, augmentados de forço pessos, et le Diccionnari sur la lengo Moundino, quatriemo et darriero impressiou. *A Amster-*

dam, per Daniel Pain, marchan librayre, 1700,
in-12, demi-rel. chagr. viol. front. grav.

247. Les OEuvres amoureuses de Pétrarque, traduites en françois, avec l'italien à côté, par Pla-
cide Catanusi. *Paris, Est. Loyson,* 1669, in-12,
mar. bleu, fil. à comp., tr. dorée. (*Rel. moderne.*)

248. Adonis, poëme héroïque traduit en vers françois du cavalier Marin, dédié au Roy, par le président Nicole. *A Paris, chez Charles de Sercy,*
1662, pet. in-12, veau ant.

249. I Sonetti di M. Benedetto Varchi, novellamente
missi in luce. *In Venetia, per Plinio Pietrasanta,*
1555, pet. in-8, vélin.

250. Les Saisons, poëme traduit de l'anglois de
Thompson. *A Paris, chez Herissant,* 1759, petit
in-8, veau violet, doub. fil., tr. dor., texte encadré, cul-de-lampe et jolies gravures de Eisen.

251. Les Saisons, poëme traduit de l'anglais de
Thompson, édition ornée de figures dessinées par
Lebarbier et gravées sous sa direction. *A Paris,
de l'imprimerie de Didot jeune,* 1796, in-8, cart.
non rog.

Grand papier vélin, tiré à 300 exemplaires seulement.

252. Terentii Comœdiæ, ad fidem optimarum edi-
tionum expressæ. *Edinburgi, apud Hamilton, Bal-
four et Neill,* 1758, pet. in-8, veau ant. fil.

253. Les Comédies de Térence, avec la traduction
et les remarques de Mme Dacier. *A Rotterdam,
aux dépens de Gaspard Fritsch,* 1717, 3 vol. in-12,
rel. veau brun, gravures au trait, front. grav.

Bel exemplaire.

254. Les Tragédies de Rob. Garnier, conseiller du
Roy, nouvellement reveues et corrigées. *A Paris,*

par Mamert Patisson, imprimeur, 1580. (*Dans le même volume :*) Antigone, ou la Piété, tragédie de Robert Garnier, 1580. *A Paris, par Mamert Patisson,* 1580, in-12, veau ant

Feuillets remontés.

255. Les Tragédies de Robert Garnier (avec l'Antigone, les Juives et Bradamante), conseiller dv Roy. *A Lyon, par Benoist La Caille,* 1615, pet. in-16, mar. r. fil. (*Rel. anc.*)

Bon état, mais court de marges. Aux armes.

256. Larimène, ou le Berger désespéré, pastorale, par Ollenix du Montsacré, gentilhomme du Maine. *A Paris, chez Abraham Saugrain, rue Saint-Jean de Beauvais,* 1597, pet. in-12, veau fauve, fil. tr. dor.

Un petit raccommodage au dernier feuillet. Titre réimprimé.

257. Les Tragédies d'Anthoine de Montchrestien, sieur de Vasteuille, à Mgr le prince de Condé. *A Rouen, chez Pierre de la Motte,* 1627, pet. in-8, veau ant.

258. OEuvres de Jean Racine, avec des commentaires, par M. Luneau de Boisjermain. *A Paris, de l'imprimerie de Louis Cellot,* 1768, 7 vol. in-8, veau marbré, fil. tr. dor., figures de Gravelot, portrait.

Bel exemplaire.

259. Esther, tragédie tirée de l'Escriture Sainte. *Suivant la copie imprimée à Paris,* 1689, front. grav. — Germanicus, tragi-comédie. *A Leyde, chez Félix Lopez, s. d.* — Andronic, tragédie. *A Paris,* 1686. — Régulus, tragédie, par M. Pradon, *suivant la copie imprimée à Paris,* 1688. — La Belle Egyptienne, tragi-comédie de M. de Salbray. *A Bruxelles, chez François Foppens,* 1671, pet. in-12, veau ant.

260. Les OEuvres de M. de la Fosse (avec les pièces suivantes : Manlius, Thésée, Polixène et Corresus).

A Paris, chez la veuve de Pierre Ribou, 1719, pet. in-12, veau fauve ant. fil.

261. L'Abailard supposé, ou le Sentiment et l'Epreuve. *A Amsterdam, et se trouve à Paris, chez P.-Fr. Greffier,* 1780, in-8, veau marbré fil.

Grand papier.

262. Les Muses dramatiques françoises, ou Tableau complet par alphabet et numéro des théâtres de France, avec les noms de leurs auteurs et de toutes les pièces anonymes de ces théâtres depuis les mystères jusqu'en l'année 1764. *A Paris, chez les libraires,* 1765, in-12, veau ant.

263. Aminta, favola pastorale di Torquato Tasso, nuova edizione. *Parigi, presso Molini,* 1781, petit in-12, veau, fil., tr. dor.

264. Dictionnaire dramatique, contenant l'histoire des théâtres, les règles du genre dramatique, les observations des maîtres les plus célèbres, etc. *A Paris, chez Lacombe,* 1776, 3 vol. in-8, demi-rel. bas.

Bel exemplaire.

---

265. LES AMOURS PASTORALES de Daphnis et Chloé, 1745, in-12, tiré pet. in-4 mar r. dent. tr. dor. (*Rel. anc.*)

Bel exemplaire. Figures du Régent, titre gravé à la date de 1718, et *figure des Petits Pieds.*

266. Les Amours pastorales de Daphnis et Chloé, escrites en grec par Longus, et translatées en françois par Jacques Amyot. *A Bouillon, de l'imprimerie de la Société typographique,* 1776, pet. in-12, mar. r. fil. à comp. tr. dor. figures du Régent avec celle dite des *petits pieds.* (*Rel. mod.*)

267. Les Amours pastorales de Daphnis et Chloé, traduction nouvelle, par Pierre B***, avec quatre jolies figures dessinées par Monsiau et gravées par

Pauquet et Dupréel. *A Paris, chez Maradan, an VI*, in-12, carré, veau porph. fil. tr. dor.

Bel exemplaire sur papier vélin. Figures avant la lettre.

268. Pétrone latin et françois, traduction entière, suivant le manuscrit trouvé à Belgrade en 1688, nouvelle édition, augmentée de la contre-critique de Pétrone. *S. l.*, 1713. 2 vol. pet. in-8, veau ant. front. et fig. gravés.

269. Joannis Meursii Elegantiæ latini sermonis. *S. l. n. a.*, 2 part. en 1 vol. pet. in-12, veau ant.

270. L'Éloge de la Folie, composé en forme de déclamation, par Erasme, et traduit par M. Gueudeville, avec les notes de Gérard Listre et les belles figures de Holbein, nouvelle édition. *A Amsterdam, chez François l'Honoré*, 1731, in-8, veau ant. front. grav., 296 pages.

271. L'Éloge de la Folie, composé en forme de déclamation, par Erasme, et traduit par M. Gueudeville, avec les notes de Gérard Listre et les belles figures de Holbein, nouvelle édition. *A Amsterdam, chez François l'Honoré*, 1731, in-8, veau ant. front. grav., 234 pages.

272. Histoire pitoyable du prince Erastus, fils de Dioclétien, empereur de Rome, contenant exemples et notables discours, traduite d'italien en françois. *Lyon, par Benoist Rigaud*, 1585, in-16, rel. mar. violet, fil., tr. dorée, frontispice encadré.

Exemplaire grand de marges.

273. Les Quatre Fils Aymon. *A Lille, s. d., chez Castiaux, libraire, Grande-Place*, in-4, demi-rel. imprimé sur papier grisâtre.

274. Les OEuvres de maistre François Rabelais, docteur en medecine, contenant cinq livres de la vie, faicts et dicts heroïques de Gargantua et de son fils Pantagruel, et augmentez de lisle des Ape-

deftes, de la Cresme philosophale, et d'une epis-
tre limosine, outre la Navigation en lisle sonnante,
la visitation de l'oracle de la dive Bacbuc et le
mot de la Bouteille, la pronostication pantagrue-
line. *A Lyon, par Jean Martin,* 1588, in-12, mar.
rouge, fil. à comp., tr. dorée. (*Rel. moderne.*)

Bel exemplaire.

275. Les OEuvres de M. François Rabelais, docteur
en médecine, augmentées de la Vie de l'auteur et
de quelques remarques sur sa vie et sur l'histoire,
avec la clef et l'explication de tous les mots difficiles. *A Bruxelles, à la Sphère, chez Henri Frix,*
1659, 2 vol. in-12, veau ant.

276. Jugement et Observations sur la vie et les œuvres de M° François Rabelais, ou le Véritable Rabelais réformé, etc. *Paris, chez Laurent d'Houry,*
1699, in-12, veau ant.

Avec la carte du Chinonois. Hauteur : 147 millim.

277. Les Cent premières Nouvelles et Advis de Parnasse, par Traian Bvccalin Romain, où, sous ad-
mirables inuentions, gentilles métaphores et plai-
sans discours, sont traictées toutes matières poli-
tiques et d'estat de grande importance, et préceptes
moraux choisis et tirez de tous les bons autheurs,
le tout traduit d'italien en françois, par Th. de
Fovgasses, gentilhomme d'Avignon. *A Paris, chez
Adrian Périer,* 1615, in-8, veau fauve ant. fil. tr.
dor.

Bel exemplaire.

278. La Princesse de Montpensier, par Mme de la
Fayette. *A Paris, chez Ant.-Aug. Renouard,* 1804,
pet. in-8, veau, fil. tr. dor.

Grand papier vélin.

279. Rodogune, histoire asiatique et romaine, par
M. d'Aigue d'Iffremont. *A Paris, chez Estienne
Loyson,* 1667, in-8, veau ant. front. grav. sur de
très-belles gravures de Chauveau.

280. Le Chien de Boulogne, ou l'Amant fidelle; nouvelle galante. *A Paris, chez Jean Ribou,* 1668,
petit in-12, rel. veau fauve à nerf véritable, doub.
fil., dor. s. tr.

281. La Médaille curieuse, où sont gravez les deux
principaux écueils de tous les jeunes cœurs, nouvelle manière de roman. *A Paris,* 1672, petit in-8,
veau brun, doub. fil., tr. dor.

Avec une grande planche,

282. Diane de France, nouvelle historique. *A Paris,
chez Guillaume de Luyne, libraire juré,* 1675, petit
in-12, basane.

283. Les Partisans démasquez, nouvelle plus que
galante, divisée en quatre parties. *A Cologne, chez
Adrien l'Enclume, gendre de Pierre Marteau,* 1710.
(*Dans le même volume :*) Les Libertins en campagne, mémoires tirez du Père de la Joie, ancien
aumônier de la Reine d'Yvetot. *Imprimé au quar-
tier royal, à la Sphère,* 1710, in-12, cart.

284. Le Désespoir amoureux, ou les Nouvelles Visions
de Don Quichotte, histoire espagnole. *A Amsterdam, chez Josué Steenhauser,* 1715, in-12, veau
fauve, fil., tr. dor., frontispice et gravures.

Bel exemplaire.

285. Historiettes galantes tant en prose qu'en vers.
A la Haye, chez Jean Suart, 1730, in-12, veau
ant.

286. Histoire de Mathilde d'Aguilar, par Mlle de
Scudéri. *A la Haye, chez Benjamin Gibert,* 1736.
(*Dans le même volume :*) Le Quart d'heure d'une
Jolie Femme, ou les Amusemens de la toilette,
ouvrage presque moral, dédié à MM. les habitans
des coins du Roi et de la Reine, précédé d'une
préface sur la Comédie, par Mlle de *** (par Che-
vrier). *A Genève (Paris),* 1753, 2 ouvrages en
1 vol. in-12. mar. r. fil. tr. dor. (*Rel. anc.*)

287. Le Temple de Gnide (par Montesquieu), revu, corrigé et augmenté, fragment d'un épithalame de l'empereur Gallien. *Londres, s. d.*, in-8, veau ant. fil. front. et jolies vign. gravées.

288. Lettres d'une Péruvienne, par Mme de Graffigny, traduites du français en italien, par M. Deodati. *A Paris, chez l'éditeur*, 1797, in-8, veau ant. avec portrait et gravures.

289. Le Prince des Aigues marines et le Prince invisible, contes. *A Paris, chez Coustelier, libraire*, 1744, pet. in-12, veau ant., gr. pap., gravures.

290. Tarsis et Zélie, nouvelle édition. *A Paris, chez Musier fils, libraire*, 1774, 3 vol. gr. in-8, veau ant. marbr. gravures de Eisen et de Moreau le jeune.

Superbe exemplaire.

291. Les Incas, ou la Destruction de l'empire du Pérou, par Marmontel. *A Paris, chez Lacombe*, 1777, 2 vol. in-8, veau ant. gravures de Moreau le jeune.

Bel exemplaire.

292. Le Décaméron françois, par M. d'Ussieux. *A Paris, chez Nyon l'aîné, libraire*, 1783, 2 vol. in-8, veau porph. jolies gravures.

293. La Dernière Héloïse, ou lettres de Junie Salisbury, recueillies et publiées par M. Dauphin, citoyen de Verdun. *A Paris*, 1784, deux parties en un volume in-8, veau marbré, fil., tr. dor.

Exemplaire en grand papier.

——— —— —————— ———

294. Il Decameron di messer Giovanni Boccaccio, cittadino Fiorentino. *In Amsterdamo (à la Sphère)*, 1665, pet. in-12, veau brun.

Édition belle et correcte; on l'attribue aux Elzeviers; hauteur : 145 millim.

295. La Sage Folie de Spelte, poëte et historiographe du Roy d'Espagne, traduite d'italien en françois

par Louis Garon. *A Lyon, chez Claude Larjot,* 1628. — La Délectable Folie, support des capricieux, soulas des fantasques, nourriture des bigearres, par Ant.-Marie Spelte, seconde partie. *A Lyon, chez Claude Larjot,* 1628, petit in-12, veau, fil., tr. dor.

Court de marges. Exemplaire lavé.

296. Les Principales Aventures de l'admirable Don Quichotte, représentées en figures par Coypel, Picart le Romain et autres habiles maîtres; avec les explications des trente et une planches de cette magnifique collection; tirées de l'original espagnol de Miguel de Cervantes. *A la Haye, et se trouve à Paris,* 1774, 2 vol. in-8, bas.

297. Viage al Parnaso, compuesto por Miguel de Cervantes Saavedra. Dirigido Ad. Rodrigo de Tapia. *En Madrid, por Don Antonio de Sancha,* 1784, in-8, veau marbr.

Grand de marges. Bel exemplaire avec gravures.

---

298. Jugemens des sçavans sur les principaux ouvrages des auteurs. *A Paris, chez Antoine Dezallier,* 1685, 4 vol. in-12, mar. r. fil. tr. dor. (*Rel. anc.*)

Armes sur les plats.

299. Lodovici Cælii Rhodigini antiquarum lectionum libri ad clariss. D. Joannem Grolierium. *Venetiis, in ædibus Aldi et Andreæ soceri mense Februario,* 1516, in-fol. vél.

Rare.

300. Ragionamento di Mons. Paolo Giovio, sopra i motti e disegni d'arme et d'amore che comunemente chiamano imprese, con un discorso di Girolamo Ruscelli, intorno allo stesso soggetto. *Venezia, Giord. Ziletti,* 1656, in-12, cart.

301. Aresta amorum accuratissimis Benedicti Curtii
Symphoriani commentariis ad utriusque juris
rationem, Forensiumque actionum usum, acutis-
sime accommodata. *Apud Seb. Gryphium, Lugduni,* 1546 (avec le 92ᵉ arrêt sur le fait des mas-
ques), in-8, rel. veau ant.

Édition rare.

302. Aresta Amorum, cum erudita Benedicti Curtii
Symphoriani explanatione. *Lugduni, apud Seb.
Gryphium,* 1533, pet. in-4, veau ant.

Piqûres à quelques feuillets, titre raccomodé.

303. Les Arrêts d'amour, avec l'Amant rendu cor-
delier à l'observance d'amours, par Martial d'Au-
vergne, dit de Paris, accompagnés des commentaires
de Benoît de Court; édition augmentée de notes
et d'un glossaire des anciens termes (par Lenglet
du Fresnoy). *Amsterdam, chez François Chan-
guion,* 1731, in-12, veau ant.

304. Leon Hebrieu : de l'Amour, trad. par Ponthus
de Thiard. *A Lyon, par Jean de Tournes,* 1551,
2 tom. en 1 vol. in-8, rel. veau fauve ant.

Aux armes de *Noël de Bullion.*

305. Les Quinze Joyes de mariage, ouvrage très-
ancien, auquel on a joint le Blason des fausses
amours, le Loyer des folles amours, et le Triomphe
des Muses contre Amour. *A la Haye, chez A. De-
rogissart,* 1726, pet. in-12, veau fauve ant.

Bel exemplaire.

306. Recueil des Énigmes de ce temps, divisé en
trois parties. *A Paris, chez Antoine de Sommaville, à l'Escu de France,* 1646, in-18, veau, fil.,
tr. dor.

Exemplaire lavé et piqué,

307. Les Touches du seigneur des Accords, premier
livre, dédié à Pontus de Tyard, seigneur de Bissy,

évesque de Chalon. *A Paris, chez Jean Richer,* 1585, in-16, v. ant.

Première édition, très-rare.
Dans le même volume : la Deffence et Louange du Pou, ensemble celle du Cirō, contre ceux qui l'ont en haine et le blasment ordinairement à tort, et sans cause, par le seigneur des Accordz. *A Lengres, chez Jehan des Preys,* 1597.
Pièce fort rare. Les deux premiers feuillets sont refaits à la plume, court de marges.

308. Les Bigarrures du seigneur des Accords. *A Rouen, par Jean Bauchi,* 1591. (*Dans le même volume :*) Les Bigarrures du seigneur des Accords, quatriesme livre avec les Apophthegmes du seigneur Gaulard, augmentées. *A Lyon, par Benoist Rigaud,* 1594, 2 part. en 1 vol. in-16, parch.

Hauteur : 121 millim.

309. Les Bigarrures du seigneur des Accords. *A Lyon, par les héritiers de Benoist Rigaud* 1600. (*Dans le même volume :*) Les Bigarrures du seigneur des Accords, quatriesme livre, avec les Apophthegmes du seigneur Gaulard, augmentées. *A Lyon, par les héritiers de Benoist Rigaud,* 1599, in-16, mar. r. fil. tr. dor. dent. int. orn. sur les plats. (*Hardy.*)

Bel exemplaire; hauteur : 118 millim.

310. Le Tombeau de la mélancolie, ou le Vray Moyen de vivre joyeux, seconde édition, par le sieur D. V. G. *A Paris, chez Charles Sevestre,* 1660, pet. in-12, demi-rel. mar. viol. tête dor.

311. Le Démon ou la Démone mariez, ou le Malheur des hommes qui épousent de mauvaises femmes, avec leurs caractères vicieux. *A Roterdam,* 1705, pet. in-12, veau fauve, fil. dor.

Volume très-curieux, avec gravures.

312. Histoire des rats, pour servir à l'histoire universelle (par de Sigrais). *A Ratopolis,* 1737, in-8, fig. (*Dans le même volume :*) Les Chats (par Paradis de Moncrif). *A Paris, chez Gabriel-François*

G.

Quillau, 1727 (avec gravures et la généalogie historique). Ens. 2 ouvr. en 1 vol. in-8, v. marbr.

313. Mémoires pour servir à l'histoire de la Calotte; nouvelle édition, augmentée d'une troisième et quatrième parties. *A Moropolis*, 1735, petit in-12, rel. veau fauve, doub. fil., dor. sur tr.

314. Le Livre à la mode (par Carracciolo). *A verte Feuille, de l'imprimerie du printemps, au Perroquet, l'année nouvelle.* (Dans le même volume :) — Le Livre à la mode (nouvelle édition, marquetée, polie et vernissée). *En Europe, chés les libraires*, 100070060. — Le Livre de quatre couleurs. *Aux quatre éléments, de l'impr. des quatre saisons,* 4444, in-8, bas.

---

315. Les Epistres de maistre François Rabelais, docteur en médecine, escrites pendant son voyage d'Italie, nouvellement mises en lumière avec des observations historiques et l'abrégé de la vie de l'auteur. *A Paris, chez Charles de Sercy,* 1651, in-8, bas.

Édition princeps, portrait gravé.

316. Les Lettres de François Rabelais, escrites pendant son voyage d'Italie, nouvellement mises en lumière, avec des observations historiques par MM. de Sainte-Marthe, et un abrégé de la vie de l'autheur. *A Brusselle, chez François Foppens,* 1710, in-12, veau ant. portr.

317. Lettres de M. de Balzac. *A Paris, chez Toussainct du Bray, rue S. Jaques aux Epics meuris,* 1624, in-8, rel. veau ant.

Bel exemplaire de la première édition.

318. Lettres familières de M. de Balzac à M. Chapelain. *A Leiden, chez Jean Elsevier,* 1656, pet. in-12, veau, fil. tr. dor.

Hauteur : 123 millim.

319. Lettres de Mme de Maintenon. *A Nancy, chez Deilleau, imprimeur,* 1752, 2 tom. en 1 vol. pet. in-12, veau ant.

Premier recueil des lettres de madame de Maintenon.

---

320. Quatre Dialogues faits à l'imitation des anciens, par Oratius Tubero. *A Francfort, par Jean Sarius,* 1506, in-4, bas.

Volume rare et recherché.

321. Cinq Dialogues faits à l'imitation des anciens, par Oratius Tubero.—1. De la Philosophie sceptique.— 2. Le Banquet sceptique. — 3. De la Vie privée. — 4. Des rares et éminentes qualités des Asnes de ce temps. — 5. De la diversité des religions. *Mons, chez Paul de la Flèche,* 1673, petit in-12, veau, fil., tr. dor.

322. Les Colloqves de Matvrin Cordier, divisez en quatre liures, traduicts du latin en françois, l'un respondant à l'auttre, pour l'exercice des deux langues ; augmentés de plvsieurs colloques qui auroyent esté obmis aux précédentes impressions. *Lemovicis, apud Hugonem Barbou,* 1595, pet. in-18, mar. r. fil. à comp. tr. dor.

Exemplaire lavé, titre raccommodé.

323. Cymbalum mundi, ou Dialogues satyriques sur différents sujets, par Bonaventure des Periers, nouvelle édition. *A Amsterdam, chez Prosper Marchand, à l'enseigne de l'Etoile,* 1732, pet. in-12, fig. de Bernard Picart, veau brun.

---

324. Cicero, Manucciorum commentariis illustratus, antiquæ lectioni restitutus. *Venetiis, apud Aldum,* 1582, 10 part. en 4 vol. in-fol. parch.

Bien complet et bien conservé.

325. Les OEuvres de M. Scarron, reveuës, corrigées et augmentées de nouveau. (*Amsterdam, Abraham*

Wolfganck), suivant la copie imprimée à Paris, 1668 *(au Quærendo),* 7 vol. in-12, mar. r. fil. front. gravés.

Hauteur : 136 millim. Ancienne reliure mal conservée. La collection se compose ainsi : 1° OEuvres, 2 vol. — 2° Nouvelles OEuvres. — 3° Le Roman comique. — 4° Le Virgile travesti, 2 vol. — 5° Les Dernières OEuvres.

326. Les OEuvres diverses de M. de Cyrano Bergerac. *A Amsterdam, chez Jacques Desbordes,* 1710, 2 vol. in-12, portr. et grav. veau ant. fil. armes sur plat.

327. DES. ERASMI ROT. Ecclesiastæ sive de ratione concionandi libri IV, opus recens nec antehac a quoquam excusum. *Basileæ, in officina Frobeniana, anno* 1535, in-fol. gardes en vélin, comp. dor. tr. dor.

Exemplaire de GROLIER. La reliure est recouverte sur les plats d'élégants entrelacs en or. Sur le premier se trouve le titre de l'ouvrage, et au bas : *Io. Grolierii et Amicorum;* sur l'autre : *Portio mea, Domine, sis in terra viventium.* La reliure n'a point été restaurée ; le haut du dos manque. Le dos a été doré au XVIII° siècle, l'un des coins a été déchiré.

Un autre exemplaire du même ouvrage ayant appartenu à Grolier, mais ayant le dos refait, appartient aujourd'hui à M. le marquis d'Adda.

Celui-ci, dont le titre et toutes les grandes lettres sont peintes en or et en couleurs, est incomplet du 1er feuillet de la dédicace.

HISTOIRE.

328. La Cosmographie universelle de tout le monde, auteur en partie Munster, mais beaucoup plus augmentée, ornée et enrichie par François de Belle-Forest, avec trois tables. *A Paris, chez Nicolas Chesneau,* 1576, 3 vol. in-fol. bas.

Ouvrage recherché, à cause des plans de villes dont il est orné. Celui de Marseille s'y trouve.

329. Voyage pittoresque autour du monde, avec des portraits de sauvages d'Amérique, d'Asie, d'Afrique et du Grand Océan, accompagnés de descriptions par M. le baron Cuvier, etc., le tout dessiné par M. Louis Choris. *Paris (impr. de Firmin Didot)*, 1821-23, in-fol. avec 110 planches entièrement coloriées, grand papier. — Vues et paysages des régions équinoxiales, recueillies dans un voyage autour du monde. *Paris, Renouard*, 1826, pet. in-fol. avec 24 pl. fig. coloriées.

Tiré à 50 exemplaires en grand papier. Ces deux ouvrages sont reliés en un seul volume, demi-reliure.

330. Jodoci Sinceri Itinerarium Galliæ. *Amstelodami, apud Jodocum Jansonium*, 1655, pet. in-12, veau ant.

Plan de villes, dont celui de Marseille.

331. Relations historiques et curieuses de voyages en Allemagne, Angleterre, Hollande, Bohême, Suisse, etc., par Charles Patin. *A Amsterdam, chez Pierre Mortier, libraire*, 1695, in-12, portr. cartes et fig. veau ant.

---

332. Titi Livii historiarum quod extat, ex recensione J.-F. Gronovii. *Amstelodami, apud Danielem Elzevirium*, 1678, in-12, veau ant. fil. tr. dor.

Hauteur : 139 millim.

333. Appian Alexandrin, historien grec des guerres des Rommains, traduit en françois par feu M. Claude de Seyssel, premièrement évesque de Marseille, et depuis archevesque de Thurin. *A Lyon, par Jean de Tournes*, 1557, 2 vol. in-16, réglé, veau mosaïque en couleurs, fil. tr. dor. (*Rel. anc. fatiguée.*)

334. Polybii de Militia Romana libellus, versione latina, commentatione perpetua et iconibus illustratus. *Norimbergæ*, 1731, pet. in-8, veau ant. fil. tr. dor.

335. Histoire de l'empereur Jovien et traduction
de quelques ouvrages de l'empereur Julien, par
l'abbé de la Bleterie. *Paris, chez Prault fils*, 1748,
2 vol., veau fauve, fil.

Bel exemplaire.

336. Histoire des inaugurations des rois, empereurs
et autres souverains de l'univers, depuis leur
origine jusqu'à présent, par M*** (Ch. Bevy). *A Paris, chez Moutard, libraire*, 1776, in-8, fig. veau
antique.

337. Les Femmes illustres, ou les Harangues héroïques de M. de Scudéry, avec les portraits de ces
héroïnes. *A Lyon, chez François Comba*, 1667,
petit in-12, rel. à nerf, doub. fil., tr. dor.

Bel exemplaire.

338. Abrégé de l'histoire françoise, avec les effigies
des roys, depuis Pharamond jusques au roy
Henry IIII, tirées des plus exellentz cabinetz de la
France, par H. C. ; édition seconde. *Paris, Jean
le Clerc*, 1595, in-fol. veau, fil.

Ouvrage rare.

339. Annales de la monarchie françoise, depuis son
établissement jusques à présent, où l'on trouve
l'origine de cette puissante monarchie, avec la vie
et les actions les plus remarquables de ses rois,
les médailles authentiques qui ont été frappées sous
les différens règnes, depuis Pharamond jusqu'à la
majorité de Louis XV, par M. de Limiers. *A Amsterdam, chez l'Honoré*, 1724, in-fol. veau ant.
front. gr. de Bern. Picart.

340. Nouvel Abrégé chronologique de l'histoire de
France, contenant les événemens de notre histoire,
depuis Clovis jusqu'à la mort de Louis XIV, troisième édition, ornée de vignettes. *A Paris, chez
Prault, père*, 1749, gr. in-4, mar. bleu, dos orné,
fil. tr. dor. (*Rel. anc. très-fraîche.*)

Bel exemplaire en grand papier.

341. La Grand Monarchie de France, composée par messire Clavde de Seyssel, lors évesque de Marseille. La loy salique, premiere loy des Francoys. *Paris, Denys Janet,* 1541, pet. in-8, veau ant. grav. dans le texte.

342. Recueil des portraits des rois de France, depuis Pharamond jusqu'à Louis XV, dessinés d'après les médailles par A. Boizet, et gravés par les soins de Michel Odieuvre. *A Paris, chez Odieuvre, marchand d'estampes, quai de l'Ecole, vis-à-vis la Samaritaine,* 1738, in-4, veau ant. fil. avec les 65 portraits.

343. Jani Gallici facies prior, historiam Bellorum civilium, quæ per tot annos in Gallia grassata sunt, breviter complectens, simul et præclara alia multa, quæ ab anno Domini 1534, ad annum 1589, quo cecidit domus Valesia, contigerunt. Ex illis tetrastichis quæ Michael Nostradamus edidit, liber depromptus. *Lugduni, typographia Petri Roussin,* 1594, in-4, veau fauve, fil. à comp. tr. dorée.

Réparation au dernier feuillet. Exemplaire lavé et encollé.

344. Histoire memorable de la persecution et saccagement du peuple de Merindol et Cabrières et autres circonvoisins, appelez Vaudois. *S. l.,* 1556, pet. in-8, v. ant.

Exemplaire très-court de marges.

345. Histoire des Vaudois, divisée en trois parties. *A Genève, pour P. et J. Chouet, par Jean-Paul Perrin, Lyonnois,* 1619, in-8, rel. veau ant.

346. Histoire générale des églises évangéliques des vallées de Piémont ou Vaudoises, par Jean Léger. *Leyde, J. le Carpentier,* 1669, 2 part. en 1 vol. in-fol. rel. veau, fil. à comp. tr. dor.

Bel exemplaire de cet ouvrage rare.

347. Histoire des Albigeois et Vaudois ou Barbets,

par le R. P. Benoist. *A Paris, chez Jacques
le Fèvre*, 1691, 2 vol. in-12, veau ant.

348. Histoire des guerres excitées dans le Comté
Venaissin et dans les environs, par les calvinistes
du seizième siècle (par P. Justin, capucin). *A Carpentras, chez Dominique-Gaspard Quenin, imprimeur*, 1782, 2 vol. in-12, demi-rel. v. bleu.

349. Histoire du roy Henry le Grand, composée par
messire Hardouin de Péréfixe, évesque de Rodez.
A Amsterdam, chez Anthoine Michiels, 1661, pet.
in-12, front. gr. mar. brun, fil. à froid, tr. dor.
(*Petit, successeur de Simier*.)

Hauteur : 141 millim.

350. La Motte-Messemé. Les Sept Livres des hon-
nestes loisirs, intitulez chacun du nom d'vne des
plantes, qui est vn discours en forme de chrono-
logie, où sera véritablement discouru des plus
notables occurrences de nos guerres ciuiles et
des diuers accidents de l'autheur, plus vn mes-
lange de divers poëmes, d'élégies, stances et sonnets. *Paris, Marc Orry*, 1587, in-16, mar. olive
à comp. dent. int., tête dor. n. rog.

Rare.

351. Satyre Menippée, de la vertu du catholicon
d'Espagne, et de la tenue des états de Paris, dernière édition. *A Ratisbonne, chez les héritiers de
Matthias Kerner, à la Sphère*, 1752, 3 vol. in-8,
veau ant. marbr.

Bel exemplaire.

352. Labyrinthe royal de l'Hercule gaulois triom-
phant, sur le suject des fortunes, batailles, victoires, trophées, triomphes, mariages et autres
faicts héroïques et mémorables de très-auguste et
très-chrestien prince Henry IIII, roy de France et
de Navarre, *représenté à l'entrée triomphante de la
reine en la cité d'Avignon, le 17 novembre l'an
1600. Chez Jacques Bramereau, imprimeur en*

Avignon, pet. in-fol. mar. r. fil. compartiment, tr. dor.

Rare. Exemplaire lavé. Fortes taches aux derniers feuillets.

353. De la Puissance des Roys, et droict de succession aux royaumes, contre l'usurpation des tiltre et qualité de Roy de France. *A Paris, chez Robert Nivelle,* 1593. — Plaidoyé des Gens du Roy faict en parlement en pleine audience, toutes les chambres assemblées, le 22° jour de décembre Mil V. C. quatre-vingtz-douze. *A Paris, chez Jean Musar,* 1593. — Ludovici d'Orleans unius ex confœderatis pro catholica fide Parisiensibus, ad A. S. unum ex sociis pro hæretica perfidia Turonensibus. *Lutetiæ, apud Fredericum Morellum,* 1593. — Le Doux et gracieux Traitement des partisans du Roy de Navarre à l'endroit des catholiques, c'est-à-dire le cruel assassinat, ou plustost, si j'ose dire, glorieux martyre de deux jésuistes, commis par iceux en la ville d'Aubenas, le 8ᵉ jour de février de cette année 1593, d'où l'on peut veoir aisément le dessein qu'ils ont d'exterminer la religion catholique. *A Paris, chez Robert Nivelle,* 1593. — Syllogismes en quatrains sur l'eslection d'un roy. *A Paris, chez Robert Nivelle,* 1593. — Réplique à la réponse envoyée sous le nom de M. le duc de Mayenne et autres princes prélats, avec la réponse à la susdite réplique. *A Paris, par Frédéric Morel, imprimeur,* 1593, in-8, veau fauve ant.

Pièces rares.

354. Histoire des derniers troubles de France sous les règnes des rois très-chrestiens Henry III et Henry IIII. *S. l.,* 1605, in-8, parch. titre front. gravé.

Exemplaire contenant les quatre parties.·

355. Histoire de la mort déplorable de Henry IIII, roy de France et de Navare, ensemble un poëme, un panégyrique et un discours funèbre, dressé

à sa mémoire immortelle. *Paris, chez la veuve
M. Guillemot,* 1612, petit in-8, vélin.

356. Histoire des derniers troubles de France soubs
les règnes des roys Henry III, Henry IIII et
Louis XIII son fils, avec l'histoire des guerres entre
les maisons de France, d'Espagne et de Savoye.
Imprimé l'an de grâce 1613, in-8, veau ant.

357. Mémoires de la vie de Théodore-Agrippa d'Au-
bigné, écrits par lui-même, avec les Mémoires de
Frédéric-Maurice de la Tour, prince de Sedan,
une relation de la cour de France en 1700, par
M. Prialo. *Amsterdam, chez Jean-Frédéric Bernard,* 1731, in-12, veau fauve, fil., tr. dor. (*De-
rome.*)

358. Mémoires de la reyne Marguerite, nouvelle
édition, plus correcte. *Jouxte la copie à Paris
(Elsevier),* 1658, pet. in-12, vélin.

131 millim.

359. Les Portraits des hommes illustres françois, qui
sont peints dans la galerie du Palais-Cardinal de
Richelieu, avec leurs principales actions, armes et
devises, par M. de Vulson, sieur de la Colombière.
Paris, chez François Mauger, 1668, in-12, veau
fauve à nerf, fil., tr. dor., portraits.

360. Le Véritable Père Joseph, capucin, nommé au
cardinalat, contenant l'histoire anecdote du cardinal de Richelieu. *Imprimé à Saint-Jean-de-Mau-
rienne, chés Gaspard Butler,* 1704, in-12, veau
ant.

361. Mémoires des brigues à la mort de Louis XIII,
les guerres de Paris et de Guienne et la Prison des
Princes. *Amsterdam, chez Louis et Gabriel Elze-
virs,* 1665, petit in-12, veau marron à nerf, doub.
fil., tr. dor.

Le titre est un peu sale, et une petite déchirure.

362. Histoire du ministère du cardinal Jules Maza-
rin, premier ministre de la couronne de France,

descrite par le comte Galeazzo Gualdo Priorato. *A Amsterdam, chez Henry et Théodore Boom*, 1671, 3 part. en 2 vol. pet. in-12, front. grav. un beau portrait v. ant. marbr.

363. Mémoires de M. D. L. R. (de la Rochefoucauld) sur les brigues à la mort de Louis XIII, les guerres de Paris, etc.— Mémoires de la Chastre. *Cologne, P. Van Dyck,* 1662, petit in-12, mar. orange, fil. à comp., tr. dor. (*Rel. moderne.*)

Bel exemplaire grand de marges; hauteur : 132 millim.

364. Histoire de Mme Henriette d'Angleterre, première femme de Philippe de France, duc d'Orléans, par dame Marie de la Vigne, comtesse de la Fayette. *A Amsterdam, chez Michel-Charles Le Cène,* 1720, in-12, veau ant.

Édition originale.

365. Histoire du Père la Chaize, jésuite et confesseur du roi Louis XIV. *Cologne, du Marteau (Hollande),* 1694, petit in-12, veau, fil. à comp., tr. dorée.

Petit raccommodage au dernier feuillet, ouvrage rare.

366. Histoire du Palais-Royal (amours de Louis XIV et de Mme de la Vallière, suivi de l'Histoire de l'amour feint du roi pour Madame). *S. l. n. d.* (A la fin :) Histoire de la vie de la reine de Suède. *A Fribourg,* 1667, 2 part. en 1 vol. in-18, mar. r. fil. comp. tr. dor. bon état. (*Rel. anc.*)

Édition originale, très-rare.

367. Les Soupirs de la France esclave, qui aspire après sa liberté (divisés en 15 mémoires attribués à *Jurieu*). *A Amsterdam,* 1690, in-4, mar. vert, fil. tr. dor. (*Rel. anc.*)

Bel exemplaire de ce livre rare.

368. Bouclier d'estat et de justice contre le dessein manifestement découvert de la Monarchie universelle, sous le vain prétexte des prétentions de la

Reyne de France ; seconde édition, corrigée et augmentée, 1667, petit in-12, rel. veau fauve, doub. fil., tr. dor.

369. Histoire du fanatisme de nostre temps et le dessein que l'on avoit de soulever en France les mécontens des calvinistes, par M. de Brueys, de Montpellier. *A Paris, chez François Muguet,* 1692, in-12, veau, fil., frontispice gravé.

370. L'Auguste Piété de la royale maison de Bourbon, sujet de l'appareil fait à Avignon pour la réception de Mgr le duc de Bourgogne et de Mgr le duc de Berry, par le P. J.-J. Bontous. *A Avignon, chez François-Sébastien Offray, imprimeur,* 1701, in-fol. un portrait et quatre gravures, bas.
Rare.

371. Journal de ce qui s'est passé à la tour du Temple pendant la captivité de Louis XVI, roi de France, par Cléry, valet de chambre du roi, édition ornée de gravures en taille-douce et de six portraits authentiques. *Paris, C. Berlin,* 1861, in-8, br non rog.

372. Histoire du Siége de Lyon, des événements qui l'ont précédé et des désastres qui l'ont suivi, ainsi que de leurs causes secrètes, générales et particulières (depuis 1789 jusqu'en 1796), accompagnée d'un plan où sont indiquées les actions principales. *A Paris, chez Le Clerc, libraire, et à Lyon, chez la veuve Rusand, libraire,* 1797, 2 tom. en 1 vol. in-8, cart. non rog.

373. Liste générale des contre-révolutionnaires mis à mort à Commune-Affranchie, d'après les jugements rendus par le tribunal de justice populaire, la commission militaire et la commission révolutionnaire, depuis le 21 vendémiaire jusqu'au 17 germinal de l'an deuxième de la République. *A Commune-Affranchie, chez le citoyen Destefanis, imprimeur, l'an IIe,* in-12, br.
Rare et recherché.

374. Voyage religieux et sentimental aux quatre ci-
metières de Paris, ouvrage renfermant un grand
nombre d'inscriptions funéraires, par Ant. Caillot.
Paris, L. Haussmann, 1809, in-8, demi-rel.

375. Plan de la maison royale de Versailles. (Dans
le même volume :) Description de la Grotte de
Versailles (par M. Félibien). *A Paris, de l'Imprimerie royale,* 1679, gr. in-fol. veau fil. Armes du
roi sur les plats. Gravures de Le Pautre.

376. Recueil des figures, groupes, thermes, fon-
taines, vases et autres ornemens tels qu'ils se
voyent à présent dans le château et parc de Versailles, gravé d'après les originaux, par Simon
Thomassin, graveur du roy. *A Paris, chez S. Thomassin, graveur du roy,* 1694, in-8, veau ant.

Manquent cinq gravures et deux feuillets de la table.

377. Histoire des Sequanois de la province sequa-
noise, des Bourguignons et du premier royaume
de Bourgogne, de l'Eglise de Besançon jusque
dans le sixième siècle, et des abbayes nobles du
comté de Bourgogne, par M. F.-J. Dunod, avocat
au parlement. *A Dijon, et se vend à Besançon,*
1735, 3 vol. in-4, veau ant.

Bel exemplaire, avec les cartes.

378. Libertates, per illustrissimos principes Delphi-
nos viennenses, Delphinalibus subditis concessæ...
*Impensa Francisci Pichati et Bartoitli... venales
habentur apud Franciscum Pichatum et in vico
Parlamenti apud Bartoletum (absque anno),* grand
in-4, veau brun, fil., tr. dor., orn. sur plat.

Grand de marges, trés-bel exemplaire de ce livre très-rare.

379. Dictionnaire historique, biographique et bi-
bliographique du département de Vaucluse, par
C.-F.-H. Barjavel. *Carpentras, imprimerie de De-
villario,* 1841, 2 vol. in-8, demi-rel. bas.

380. Description nouvelle de la Cathédrale de Strasbourg et de sa fameuse tour, contenant ce qui

s'y est passé depuis sa construction; cinquième édition, avec figures en taille-douce, revue, corrigée et augmentée, par François Miler, maître de langue. *A Strasbourg*, 1788, in-12, cartonné, figures.

---

381. Raccolta della città di Roma e di alcuni luoghi suburbani incise a bulino. *In Roma, nella calcografia di Agapito Frangetti à Torsanguigna*, in-4 oblong, cart.

320 vues de Rome, gravées.

382. Histoire publique et secrète de la cour de Madrid dès l'avénement du roi Philippe V à la couronne, avec des considérations sur l'état présent de la monarchie espagnole. *A Cologne, chez Pierre le Sincère,* 1719, in-12, bas.

383. Panégyrique de Marie Stuart, princesse d'Orange, prononcé par M. Abadie. *A Londres, chez Pierre Devillier,* 1696. (Dans le même volume :) Les Amours d'Abailard et d'Héloïse. *Manuscrit d'une très-belle écriture.* — Ens. 3 part. en 1 vol. pet. in-8, v. ant. marbr.

384. China, monumentis sacris et profanis... illustrata. *Amstelodami,* 1667, in-fol. mar. r. dent. (*Rel. anc.*)

NOBLESSE. — BIOGRAPHIE.

385. La Nouvelle Méthode raisonnée du blason, pour l'apprendre d'une manière aisée, réduite en leçons par demandes et par réponses, par le P. C.-F. Menestrier, de la Compagnie de Jésus. *A Lyon, chez Thomas Amaulry,* 1696, in-12, veau, blasons.

386. Dictionnaire féodal, ou Recherches et anecdotes sur les dîmes et les droits féodaux, les fiefs

et les bénéfices, les priviléges, en un mot sur tout
ce qui tient à la féodalité, par J.-A.-S. Collin de
Plancy. *A Paris, chez Foulon et C*ic, 1819, 2 tom.
en 1 vol. in-8, demi-rel. veau.

387. Traité de la Noblesse suivant les préjugez rendus par les commissaires députez pour la vérifi-
cation des titres de noblesse en Provence (par A.
Belleguise). *S. l.*, 1668, in-12, bas.

388. Abrégé chronologique de tous les Ordres militaires et de chevalerie du monde chrétien, où l'on
pourra voir l'excellence de celui de Malthe au-
dessus des autres, par C. Floriot, écuier, sieur de
Boisfey. *Marseille, chez Claude Garcin*, 1685,
pet. in-12, rel. veau marron, nerf véritable, doub.
fil., tr. dor.

Livre rare.

389. Histoire de tous les Ordres militaires ou de
chevalerie, contenant leurs institutions, leurs cérémonies, leurs pratiques, avec leurs vêtemens,
leurs armes et leurs devises gravées en cuivre, par
Adrien Schoonebeek. *Amsterdam*, 1699, 2 vol.
pet. in-8, veau ant.

390. Nouvelle Méthode raisonnée du blason, ou de
l'Art héraldique, du P. Menestrier, mise dans un
meilleur ordre, et augmentée de toutes les con-
naissances relatives à cette science, par M. L***. *A
Lyon, chez Pierre Bruyut*, 1670, in-8, figures de
blason, veau ant. marbr.

391. Histoire généalogique de la maison de France,
troisième édition, par Scévole et Louis de Saincte-
Marthe. *A Paris, chez Sébastien Cramoisy*, 1647,
2 vol. in-fol. veau ant. fil. Grandes marges.

392. Armorial des États de Languedoc, par M. Gas-
telier de la Tour. *A Paris, imprimerie de Vincent*,
1767, in-4, veau ant.

Avec 130 planches. Blasons.

393. Histoire généalogique de la maison de Simiane, par le R. P. Dominique Robert. *Lyon, chez Jacques Canier*, 1680, pet. in-12, bas.

Rare.

394. I Casi de gl'Huomini illustri di messer Giovan Boccaccio ne quali si trattano molti accidenti di diversi Principi, tradotti di lingua latina in volgare per M. Giuseppe Betussi, con una nuoua Giunta fatta per Messer Francesco Serdonati. *In Fiorenza, per Filippo Giunti*, 1598, in-8, veau ant.

395. Mémoires pour la Vie de François Pétrarque, tirés de ses œuvres et des auteurs contemporains (par l'abbé de Sade). *A Amsterdam, chez Arkstée et Mercus*, 1764, 3 vol. in-4, veau ant. marbr.

396. Histoire de la Papesse Jeanne, fidèlement tirée de la Dissertation latine de M. de Spanheim. *A la Haye, chez Henri Scheurleer*, 1720, 2 vol. in-12, veau, gravures.

397. La Vie de Frédéric, baron de Trenck, écrite par lui-même, et traduite de l'allemand en françois par M. le baron de B***, seconde édition. *A Metz, chez C. Lamort*, 1788, 2 part. en 1 vol. in-8, veau ant.

Bel exemplaire, avec portrait.

398. La Gallerie des Femmes fortes, par le P. Pierre le Moyne. *A Lyon, par les libraires de la compagnie*, 1667, pet. in-12, veau ant. gravures.

ARCHÉOLOGIE.

399. Antiquités d'Herculanum gravées par F.-.A David, avec leurs explications, par P. Sylvain M. *A Paris, chez David, graveur*, 1781, 7 vol. in-8, veau fil. tr. dor.

Bel exemplaire.

400. Delle Antiche Statue Greche e Romane, che nell' antisala della Libreria di San Marco, di Venezia, si trovano. *In Venezia*, 1740, gr. in-fol. veau ant. fil. front. grav. portraits, texte encadré.

Ouvrage de la plus belle exécution.

401. Discorso della Religione antica de' Romani, insieme un altro discorso della castrametatione, et disciplina militare, composti in francese dal S. Guglielmo Choul, illustrati di medaglie et figure. *In Lione, appresso Guglielmo Rovillio,* 1569, in-4, vélin.

402. La Religion des Gaulois, tirée des plus pures sources de l'antiquité, par le R. P. Dom*** (Jacques Martin), religieux bénédictin, ouvrage enrichi de figures en taille-douce. *A Paris, chez Saugrain fils,* 1727, 2 vol. in-4, veau ant. marbr.

403. Recherche des Antiquités de la ville de Lyon, ancienne colonie des Romains et capitale de la Gaule celtique, avec un mémoire des principaux antiquaires et curieux de l'Europe. *A Lyon, chez Antoine Cellier,* 1675. — Discours svr vne pièce antiqve et curieuse, du cabinet de Jacob Spon, docteur en médecine, représentée dans la planche suivante. *Lyon, imprimerie de Jacques Faeton,* 1674, pet. in-8, veau ant. fil. Planche dans le texte.

Très-rare.

404. Histoire de l'auguste et vénérable église de Chartres, dédiée par les anciens Druides à une vierge qui devait enfanter, tirée des manuscrits et des originaux de cette église, par V. Sablon, seconde édition. *A Chartres, chez René Bocquet,* 1683, in-12, parch.

405. Recueil de pierres gravées antiques (par Michel-Phil. Lévesque de Gravelle). *A Paris, imprimerie de P.-J. Mariette,* 1732, in-4, en 2 part. veau ant. marbr. fil.

Bel exemplaire en grand papier.
Première partie : 101 planches. — Seconde partie : 103 planches.

406. Recueil des Sceaux du Moyen Age, dits sceaux gothiques. *A Paris, chez Antoine Boudet,* 1779, in-4, cart. non rog. bien complet.

407. Iconographie des Sceaux et Bulles conservés dans la partie antérieure à 1770 des archives départementales des Bouches-du-Rhône, par Louis Blancard. Description des Sceaux. *Marseille, aux archives départementales,* 1860, gr. in-4.

BIBLIOGRAPHIE.

408. Brunet. Manuel du libraire et de l'amateur de livres. *Paris, Didot,* 1865, 6 vol. in-8, cartonn., n. rogn.

409. Recherches sur Grolier, par Le Roux de Lincy. *Paris, Potier,* 1866, gr. in-8, br. et atlas.

410. Chronique littéraire des ouvrages imprimés et manuscrits de l'abbé Rive, des secours dans les lettres que cet abbé a fournis à tant de littérateurs françois ou étrangers. *A Eleuthéropolis, de l'imprimerie des Anti-Copet, des Anti-Jean-de-Dieu,* etc., in-8, demi-rel. v. viol.

411. La Chasse aux Bibliographes et Antiquaires maladvisés, par un des élèves que M. l'abbé Rive a laissés dans Paris (l'abbé Rive). *A Londres, chez N. Aphobe,* 1789, 2 tom. en 1 vol. in-8, demi-rel. v. viol.

412. Catalogue de la Bibliothèque de feu l'abbé Rive, acquise par les citoyens Chauffard et Colomby, mis en ordre par C.-F. Achard. *A Marseille, imprimerie de Rochebrun et Mazet,* 1793, in-8, demi-rel. v. viol.

413. Statuts et Règlements pour la communauté des maîtres relieurs et doreurs de livres de la ville et Université de Paris. *Imprimerie de Lemercier,* 1750, in-12, mar. rouge, tr. dor., fil. (*Reliure moderne.*)

414. Essai sur l'art de restaurer les estampes et les
livres, ou Traité sur les meilleurs procédés pour
blanchir, détacher, décolorier, réparer et conser-
ver les estampes, livres et dessins, par A. Bonnar-
dot. De la Réparation des vieilles reliures. *Paris,
A. Castel,* 1858, 2 part. en 1 vol. pet. in-8, demi-
rel. mar. vert, fleur. tête marbr. non rog.

Rare et recherché.

PROVENCE.

HISTOIRE. — NOBLESSE. — HOMMES ILLUSTRES.
MARSEILLE. — AIX. — ARLES. — LANGUE PROVENÇALE.
POÉSIES PROVENÇALES.

415. L'État de la Provence, contenant ce qu'il y a
de plus remarquable dans la police, dans la justice, dans l'Eglise et dans la noblesse de cette
province, avec les armes de chaque famille, par
M. l'abbé R. D. B. *Paris, chez Pierre Aubouin,
libraire,* 1693, 3 vol. in-12, veau, fil., tr. dor.

Très-bel exemplaire, bien complet.

416. Abrégé de l'histoire de Provence, par Pierre
Louvet, 1676, 2 vol. in-12. — Histoire des troubles de Provence, depuis son retour à la couronne
jusqu'à la paix de Vervins en 1598, par M. Pierre
Louvet. 1679, 2 vol. in-12. — Additions et illus-
trations sur les deux tomes de l'histoire des troubles de Provence, par M. Pierre Louvet. 1689,
2 vol. in-12.

Collection très-rare.

417. Histoire générale de Provence, dédiée aux états, par l'abbé Papon. *A Paris, chez Moutard,* 1777, 4 vol. in-4, veau ant. (*Planches.*)

418. Lettres violettes et noires ou antiépiscopales et antigrandes vicariales, pour servir de supplément aux deux histoires modernes de Provence, par l'ex-oratorien Papon. *A Dicaiopolis, chez Agatton Eleuthère,* 1789, in-8, br. non rog. 96 pages de texte.

Tirés à 250 exemplaires seulement.

419. Dictionnaire de la Provence et du comté Venaissin, par une société de gens de lettres. *A Marseille, imprimerie de Jean Mossy,* 1787, 2 vol. in-4, veau ant. marbr.

Bel exemplaire.

420. Description historique, géographique et topographique des villes, bourgs, villages et hameaux de la Provence ancienne et moderne, du comté Venaissin, de la Principauté d'Orange, du comté de Nice, etc., par M. Achard. *A Aix, de l'imprimerie de Pierre-Joseph Calmen,* 1788, 2 vol. in-4, demi-rel. bas.

Rare et recherché. Le second tableau s'arrête à l'article *Signe,* page 368.

421. Dictionnaire historique et topographique de la Provence ancienne et moderne, par É. Garcin. *A Draguignan,* 1834, 2 vol. in-8, demi-rel. veau antique.

422. Monnoies des comtes de Provence. *A Aix, imprimerie d'Antoine Henricy, an IX,* gr. in-4, demi-rel.

---

423. Statuta Provinciæ Forcalqueriique comitatuum, cum commentariis L. Massæ. Accesserunt F. Fortii J. C. Andini, in illa curia advocati, notæ ad marginem. (On a ajouté :) La Généalogie des comtes de Provence, tirée du livre de feu maître de Clap-

pier. *A Aix, par Nicolas Pillehotte*, 1598, in-4,
bas. (*Mouillures.*)

424. Histoire de la principale noblesse de Provence
(par B. de Maynier). *A Aix, chez Joseph David,*
1719, in-4, rel. veau gran. timbre sur le titre.

Bel exemplaire.

425. Nouveau État de Provence, de son gouvernement, ses compagnies de justice, sa noblesse, son
université, de l'assemblée de ses états, etc. (seconde partie, qui se joint à l'Histoire de la principale noblesse de Provence qui est la première
partie). *A Avignon, chez David Chastel,* in-4,
basane.

Cette partie est très-rare.

426. Histoire héroïque et universelle de la noblesse
de Provence (par Artefeuil). *A Avignon, chez la
veuve Girard,* 1757, 3 vol. in-4, veau ant.

Bel exemplaire de cet ouvrage recherché. Le troisième volume n'a point
de planches. Il y a à la fin du tome Ier une épitaphe du mausolée placé en
1757, dans l'église de Reillanne, et à la suite des vers provençaux pour servir à l'explication de cette épitaphe.

427. Critique du Nobiliaire de Provence de l'abbé
Robert, par M. Joseph de Barcillon, copié sur un
manuscrit. *A Marseille, l'an* 1776.

Manuscrit in-folio, bien conservé.

428. Suite de la critique du Nobiliaire de Provence.
Marseille, 1778.

Manuscrit in-folio.

429. Armorial de la ville de Marseille, recueil officiel
dressé par les ordres de Louis XIV, publié pour la
première fois d'après les manuscrits de la Bibliothèque nationale, par le comte Godefroy de Mont-
grand. *Marseille, Alexandre Gucidon,* 1864, in-8,
br. non coupé, pap. de Holl.

Tiré à 250 exemplaires.

---

430. Dictionnaire des hommes illustres de la Provence et du comté Venaissin (par Achard). *A Mar-*

seille, imprimerie de Jean Mossy, père, 1786, 2 vol. in-4, veau ant. marbr.

Tomes III et IV du dictionnaire de la Provence.

431. Chronologia sanctorum et aliorum virorum illustrium, ac Abbatum Sacræ insulæ Lerinensis, a Domno Vincentio Barrali Salerno, Monacho Lerinense, in unum compilata cum annotationibus ejusdem. *Lugduni, sumptibus Petri Rigaud,* 1613, in-4, veau fauve ant. fil.

Bel exemplaire.

432. La Vie de M. de Chasteuil, solitaire du mont Liban, par M. Marchety, prestre de Marseille. *A Paris, chez Pierre le Petit, imprimeur,* 1666, in-12, bas. portr.

433. Le Provençal solitaire au mont Liban, ou la Vie de M. François de Galaup, sieur de Chastueil, par messire Gaspar Augery, protonotaire du Saint-Siége. *A Aix, chez Jean-Baptiste et Estienne Roize, imprimeur du roy,* 1671, pet. in-12, veau granit, filets.

Rare.

434. Pierre Puget, peintre, sculpteur, architecte, décorateur de vaisseaux, par Léon Lagrange. *Paris, Didier,* 1868, in-8, br.

435. Antonius de Arena Provençalis de Bragardissima villa de Soleriis. Ad suos compagnones studiantes, qui sunt de persona friantes, bassas, dansas et Branlos practicantes, nouvellos quam plurimos mandat. *Stampatus in Stampatura Stampatorum,* 1670. — Nova novorum novissima, sive Poemata stylo Macaronico conscripta. 2 part. en 1 vol. pet. in-12, veau ant.

436. Antonius Arena, notice historique et littéraire, par Augustin Fabre. *Marseille, librairie de V. Boy,* 1860, in-12, br. non coupé, pap. vélin.

Tiré à 200 exemplaires.

437. Meygra entreprisa catoliqui imperatoris quando, de anno Domini 1536, veniebat per Provensam bene carrossatus in postam prendere Fransam cum villis de Provensa, propter grossas et menutas gentes rejohire, per Antonium Arenam. *Lugduni,* 1760, in-12, grand papier, veau fauve, fil. tr. dor.

Bel exemplaire rare, dans cette condition.

438. Notice sur Jules-François-Paul Fauris Saint-Vincens. *A Aix, imprimerie d'Antoine Henricy, an VIII,* in-4, br. non rog.

Rare.

---

439. Les Antiquitez de la ville de Marseille, par N. Jules Raymond, où il est traicté de l'ancienne république des Marseillois : et des choses plus remarquables de leur estat, translatées de latin en françois par Charles-Annibal Fabrot. *A Cologne, par Alexandre Pernet,* 1615, in-12, veau granit, fil. n. rog.

Le titre est remonté.

440. Histoire de la ville de Marseille, contenant tout ce qui s'y est passé de plus mémorable depuis sa fondation, recueilli de plusieurs auteurs grecs, françois, italiens et espagnols, par feu M. Antoine de Ruffi, seconde édition. *A Marseille, par Henri Martel, imprimeur,* 1696, 2 tom. en 1 vol. in-fol. basane.

Ouvrage recherché.

441. Recueil des antiquités et monuments marseillois, qui peuvent intéresser l'histoire et les arts, orné de gravures par M. J.-B.-B. Grosson. *A Marseille, chez Jean Mossy,* 1773, in-4, veau ant.

442. Histoire véritable de la réduction de la ville de Marseille à l'obeyssance du roy. *A Anvers, par les héritiers de Jehan Moret,* 1616, in-12, mar. r. fil. tr. dor.

Livre rare ; le titre est remonté. Le volume est lavé et encollé.

443. Journa abrégé de ce qui s'est passé en la ville
de Marseille, depuis qu'elle est affligée de la con-
tagion, tiré du mémorial de la chambre du con-
seil de l'hôtel de ville, tenu par le sieur Pichatty
de Croissainte. In-4, br. de 64 pages. (A la fin :)
*Fait à Marseille, dans l'hôtel de ville, le 10 dé-
cembre* 1720.

Très-rare.

444. Histoire de Marseille, par Augustin Fabre, avocat.
Marseille, Marius Olive, 1829, 2 vol. in-8, demi-
reliure.

Le second volume est broché.

445. Explication des usages et coustumes des Marseillois, par Marchetti. *A Marseille, chez Charles
Brebion*, 1683, in-8, bas.

446. Notice historique sur les anciennes rues de
Marseille démolies en 1862 pour la création de
la rue Impériale, par Augustin Fabre. *Marseille,
imprimerie de Jules Barile*, 1862, in-8, br. non
rogné.

447. Les Rues de Marseille, par Augustin Fabre.
Marseille, E. Camoin, 1867-70, 5 vol. in-8, portr.
de l'auteur, br. non coupé.

448. L'Apôtre de la Provence, ou la Vie du glorieux
saint Lazare, premier évêque de Marseille, divisée
en deux parties, par Jean de Chanteloup, écuier,
sieur de Barban. *A Marseille, chez Claude Garcin*,
1684, pet. in-8, bas.

449. Profetie de l'Abbate Gioachino et di Anselmo
Vescouo di Marsico con limagini in dissegno, intorno a Pontefici passati e coloro a venire. In-4,
parchemin.

Manuscrit avec des dessins faits à la plume.

450. Le Tableau d'un vray prélat, le révérend père
en Dieu M. Jean-Baptiste Gault, évesque de Marseille, par messire Gaspard Augeri, prieur de

Magagnosc. *A Aix, chez Jean Roize,* 1643, in-12, vél. front. gr.

Rare.

451. Les Illusions, les calomnies et les erreurs de monseigneur l'évesque de Marseille démontrées : ou justification des différents arrêts du parlement de Provence, rendus contre ce prélat. 1720. — (*Dans le même volume :*) Justification des PP. de l'Oratoire de Marseille contre les accusations de l'évêque de cette ville. 1721, in-12, bas.

452. Statuts synodaux du diocèse de Marseille, lus et publiés dans le synode tenu dans le palais épiscopal, le 18 avril 1712. *A Marseille, chez la veuve de Henry Brebion,* in-8, mar. r. dent. (*Aux armes de monseigneur de Belsunce.*)

453. Officia propria sanctorum sanctæ ecclesiæ Massiliensis. *Massiliæ, apud Brebion, s. d.,* in-8, mar. r. (*Rel. anc.*)

454. Officia propria venerabilis monasterii Sancti Victoris Massiliensis. *Massiliæ, apud Claudium Garcin, typogr.,* 1673, in-12, veau ant. front. gr.

455. Cartulaire de l'abbaye de Saint-Victor de Marseille, publié par M. Guérard, avec la collaboration de MM. Marion et Delisle. *Paris, typogr. Lahure,* 1857, 2 vol. gr. in-4, br. non coupé.

456. Notice des monuments conservés dans l'église noble, insigne et collégiale de l'abbaye de Saint-Victor de Marseille. *A Marseille, chez Jean Mossy, imprimeur,* broch. in-16 de 22 pages.

457. Discovrs sur le négoce des gentilshommes de la ville de Marseille, et sur la qvalité de nobles marchands qu'ils prenoient il y a çent ans, adressé au roy par M. Marchetti. *A Marseille, chez Charles Brebion,* 1671, in-4, mar. r. dent. fleurdelisé sur plat.

Lavé, collé et remboîtage.

458. Priviléges de la ville de Marseille.

Rôle des 300 conseillers de la ville de Marseille qui furent nommés lors du règlement du sort le 28 octobre 1652.

Rôle des consuls et assesseurs de la ville de Marseille depuis 1470.

Manuscrit in-folio.

459. Le Règlement du sort, contenant la forme et la manière de procéder à l'eslection des officiers de la ville de Marseille, reveu et augmenté de nouveau de plusieurs autres règlemens et ordonnances de police. *A Marseille, chez Claude Garcin, imprimeur,* 1654, in-4, veau ant.

460. Les Statuts municipaux et coustumes anciennes de la ville de Marseille, divisez en six livres, par Noble François d'Aix. *A Marseille, chez Claude Garcin,* 1656, in-4, veau ant.

Il y a au commencement et à la fin du volume 2 pièces manuscrites. Titre remonté.

461. Recueil des statuts et règlemens concernant les maîtres boulangers et fourgonniers de cette ville de Marseille, avec un petit trait d'histoire touchant le nom de boulanger. *A Marseille, chez la veuve Brebion,* 1756, in-12, de 58 pages, bas.

---

462. Les Curiositez les plus remarquables de la ville d'Aix, par Pierre-Joseph de Haitze. *A Aix, chez Charles David,* 1679, in-12, rel. veau granit, fil.

Exemplaire lavé.

463. Annales de la sainte Église d'Aix, par M. J.-S. Pitton. *A Lyon, chez Mathieu Liberal,* 1668, in-4, veau ant.

464. Conduite chrétienne, pour sanctifier les actions de la journée, à l'usage des pensionnaires de la première Maison de Sainte-Ursule, d'Aix. *Aix,* 1726, in-12, mar. rouge, large dentelle, doré sur tranche.

465. État de l'hôpital la Miséricorde, des pauvres malades et honteux de la ville d'Aix (par Pierre-

Joseph de Haitze, un des recteurs de cet hôpital). *A Aix, chez Jean Adibert, imprimeur*, 1709, in-12, veau ant. fil.

Bel exemplaire. Rare.

466. État de l'OEuvre pour le secours des prisonniers exercée par la compagnie des FF. Pénitens blancs, sous le titre de Notre-Dame de Pitié, de la ville d'Aix, par Frère Pierre-Joseph de Haitze. *A Aix, chez Charles David, imprimeur*, 1689, in-12, bas.

467. Explication des cérémonies de la Fête-Dieu d'Aix en Provence (par M. Grégoire). *A Aix, chez Esprit David*, 1777, in-12, br. non rog. avec gravures.

468. Histoire admirable de la possession et conversion d'une pénitente séduite par un magicien la faisant sorcière et princesse des sorciers au païs de Provence, conduite à la Saincte-Baume pour y estre exorcizée l'an 1610, par le R. P. F. François Domptius. *A Lyon, et se vendent à Paris, chez Charles Chastelain*, 1614, in-8, veau ant.

Bel exemplaire de cet ouvrage curieux.

469. Panégyrique de la ville d'Arles, suivi de remarques historiques, pour servir à l'histoire de cette ville, par le P. Fabre. *A Arles, chez Gaspard Mesnier*, 1743, in-12, br. n. rog.

Rare.

470. Abrégé chronologique de l'histoire d'Arles, contenant les événemens arrivés pendant qu'elle a été tour à tour royaume et république, ouvrage enrichi du recueil complet des inscriptions et de planches des monuments antiques, par M. de Noble Lalauzière. *A Arles, imprimerie de Gaspard Mesnier*, 1808, in-4, demi-rel. chagr. viol.

Bel exemplaire, contenant un autographe de l'auteur.

471. Pontificium Arelatense, seu historia primatum sanctæ Arelatensis ecclesiæ, cum indice rerum politicarum, authore Petro Saxio. *Aquis Sextiis, typis Joannis Roye,* 1629, in-4, vél.

472. L'Histoire de la fondation du monastère de la Miséricorde de la ville d'Arles, par le R. P. Alexandre, d'Arles. *A Aix, chez Jean Adibert,* 1705, in-8, bas.

473. Histoire d'Apt, par M. l'abbé Boze. *A Apt, chez Trémolière, imprimeur,* 1813, in-8, br. n. rog. avec le plan de la ville d'Apt.

Rare et recherché.

474. Histoire de l'église d'Apt, par M. l'abbé Boze. *A Apt,* 1820, in-8, br. n. rog.

475. Histoire de la ville et de l'église de Fréjus, par M. G. C. D. C. D. E. T. (par Jacq.-Félix Girardin). *A Paris, chez la veuve Delaulne,* 1729, 2 tom. en 1 vol. in-12, br. non rog.

Rare.

476. Histoire de Manosque, écrite en latin par Jean Colombi, en 1662, et traduite en français par Henry Pellicot, en 1799. *A Apt,* 1808, in-8, br. non rog.

---

477. Lexique roman, ou Dictionnaire de la langue des troubadours comparée avec les autres langues de l'Europe latine, par M. Raynouard. *A Paris, chez Silvestre, libraire,* 1838 à 1844, 6 vol. gr. in-8, br. non rog.

478. Le Nouveau Dictionnaire provençal-français, précédé d'un abrégé de grammaire provençale-française, et suivi de la collection la plus complète des proverbes provençaux, par M. G. *Marseille,* 1823, in-8, br. non rog.

479. L'Interprète provençal, contenant un choix de 15,000 termes provençaux les plus utiles expli-

qués en français, divisé en trois parties, par J.-J. Castor. *Apt, imprimerie Clauzel*, 1843, in-12, br. non coupé.

Très-rare.

480. Instructions moralos sur tous leis evangilos dominicalos de l'an, compousados en lengage provençau per la comoditat de MM. leis curats et l'utilitat deis pauvres parossiens, que n'entendon ni comprenon pas lou françois. *A Marseille, chez Claude Garcin, imprimeur*, 1688, in-12, bas.

Ouvrage très-rare et très-recherché.

481. Lou Crebo couert d'un paysan sur la mouert de son ayesne, la souffranço et la miseri dei fourças que son eu galero. Petit in-12 de 31 pag., rel. veau fauve, fil., tr. dor.

482. Les Vies des plus célèbres et anciens poëtes provensaux qui ont floury du temps des comtes de Prouence. *A Lyon, pour Alexandre Marsilii*, 1575, pet. in-8, rel. veau fauve ant.

Piqúres de vers raccommodées.

483. Le Vite delle più celebri et antichi primi poeti provenzali, da Gio. Giudici. *In Lione, appresso d'Alesandro Marsilii*, 1575, pet. in-12. parch.

484. La Journée du Chrétien, en vers provençaux, par Jean-Baptiste d'Isnard, revue par Edouard Cartier. *S. l.*, 1857, manuscrit in-4, demi-cart.

485. Cantinella provençale du xie siècle en l'honneur de la Madeleine chantée annuellement à Marseille le jour de Pâques jusques en 1712, introduction, traduction, commentaire et recherches historiques, par J.-T. Bory. *Marseille, V. Roy*, 1861, in-8, br. non rog.

Papier de Hollande.

486. Poésies provençales des xvie et xviie siècles, publiées d'après les éditions originales et les ma-

nuscrits. *A Marseille, et à Paris, Techener*, 1840,
2 vol. pet. in-8, br. non rog. pap. de Hollande.

Tiré à cent exemplaires, celui ci-dessus porte le nº 53. Épuisé, très-rare.

487. Obros et Rimos prouvenssalos, de Louys de la
Belaudiero, revioudados per Pierre Paul, escuyer
de Marseille, 1595, in-4, vél.

Premier livre imprimé à Marseille.

Ouvrage que l'on trouve rarement; il manque à l'exemplaire ci-dessus
25 feuillets.

488. Gasp. de Varadier de Saint-Andiol, doct. theol.
et sanctæ arelatensis ecclesiæ archidiaconi, Juve-
nilia. *Arelate, ex typographia Claudii*, 1679, pet.
in-4, mar. r. fil. tr. dor. (*Rel. anc.*)

489. Les Pèlerines de Cythère, pièce comique en
vaudeville, mise au théâtre par le sieur Octave, cy-
devant comédien du roy, et représentée pour la
première fois à Marseille le 19 décembre 1717 par
la troupe des comédiens de Mgr le maréchal duc
de Villars. *Se vend à la porte de la comédie, et
chez Gueynard, l'imager, sur le port, s. d.*, in-12,
veau ant. front. grav.

Rare.

490. Recüil de l'ouesios prouvençalos, de M. F. T. G.
de Marsillo. *A Marseille, chez François Berte, libraire*, 1734, in-8, bas.

Première édition. Rare.

491. La Ruche provençale, recueil littéraire. *A
Marseille, imprimerie de Joseph-François Achard*,
1819, 3 vol. in-8, demi-rel. veau.

Coups de ciseaux sur les titres pour enlever un cachet.

492. Poésies de Sourdon de la Coulterie, employé à
la Manufacture des tabacs, à Marseille. *Paris,
chez Lecointe*, 1820, pet. in-8, broché non rogn.

493. Les Loisirs d'un Flâneur, ou le Poète par oc-
casion, recueil de poésies provençales et françoises,
par Pierre Bellot. *A Paris*, 1822, in-12, br. non
rogné.

494. Fablos, contes, epîtros et autros pouesios prouvençalos (par M. Diouloufet). *A-z-Vi*, 1829, in-8, demi-rel. bas.

495. Chichois, poëmes, contes et épîtres en vers provençaux mêlés de vers français, par G. Bénédit. *Marseille*, 1853, in-8, br. non rog. Portrait et gravures.

Devenu rare.

496. Chansons provençales de Victor Gelu. *Marseille, Laffitte et Roubaud*, 1856, in-8, chagrin rouge.

497. La Perlo dey Musos et coumédios prouvensalos, per Gaspar Zerbin, réimprimé sur l'édition de 1655, augmenté d'une préface par M. J.-T. Bory. *Achevé d'imprimer à Marseille, le 6 avril 1872, par Cayer; se vend chez Camoin*, in-4, br. non coupé.

Un des quinze exemplaires tirés en grand papier de Hollande.

A la fin de la dernière vacation, l'on vendra quelques lots de livres anciens.

FIN.

ORDRE DES VACATIONS.

Livres en lots

CONDITIONS DE LA VENTE.

La vente se fait au comptant.

Les réclamations devront être faites, au plus tard, dans les vingt-quatre heures qui suivront la vente. Passé ce délai, les articles adjugés ne seront repris pour aucune cause.

Il y aura exposition de deux heures à quatre.

Les acquéreurs payeront 5 p. % en sus des enchères, applicables aux frais.

M. Adolphe Labitte, chargé de la vente, remplira les commissions des personnes qui ne pourraient y assister.

Les commissions au-dessous de 10 fr. paient un droit uniforme.

Paris. — Typographie Georges Chamerot, rue des Saints-Pères, 19.

www.ingramcontent.com/pod-product-compliance
Ingram Content Group UK Ltd.
Pitfield, Milton Keynes, MK11 3LW, UK
UKHW022056170726
13837UKWH00002B/968